「おうち英語」
まるわかりブック

「子どもの英語」本を100冊読んでわかったポイント

どんぐりばぁば 著

イカロス出版

はじめに

いま、子どもの英語をめぐる状況はめまぐるしく変化しています。ネットや雑誌で「おうち英語」の情報が頻繁に発信されていることもあり、多くのママやパパが、漢字の練習やかけ算の暗唱と同じように、家庭で子どもに英語を教えたほうがいいのではないかと悩んでいます。

とはいえ、早期英語教育の記事を読んでも、SNS（ソーシャルメディア）をチェックしても、「結局おうち英語って何なの？やったほうがいいの？」「普通の人でもできるの？ 何にどう取り組めばいいの？」と悩みは深まるばかりです。実は、筆者のどんぐりばぁばもそうでした。孫の英語サポートをすることになって「いまのおうち英語のベストな方法って何？」と模索していました。

本書は、かつての私と同じ悩みをお持ちのママやパパ、さらには孫を預かる機会の多いばぁばやじぃじに読んでいただきたい**「早期英語のガイドブック」**です。この本では、私が**「子どもの英語」**や**「早期英語」関連の書籍や文献100冊以上を読んでわかった「いま、 おうち英語で人気の23の取り組み」にフォーカス**し、その具体的な方法やおすすめポイント、問題点などを、実際に「おうち英語」を行っている方々にもインタ

ビューをしてまとめています。**「おうち英語」に取り組む際の参考にしていただくための情報を詰め込んだ本です。**

「おうち英語」をはじめようとお考えの方も、すでに取り組んでいる方も、**「いまのおうち英語で多くの人が実践している方法」**を解説した本書に目を通していただくと、早期英語の取り組みにあたってゴールをどのように設定し、どう進めていくかのイメージがつかめるでしょう。

　本書には「おうち英語の最新人気の取り組み方」が載っているとはいうものの、著者のどんぐりばぁばはどんな人物なのか、不思議に思う方もいるかもしれませんね。いきなりですが、少し自己紹介させていただきます。

　私は大学で非常勤講師として英語を教えています。小さい子どもの「おうち英語」に関わるのは2回目です。いま私は娘の子どもの英語サポート中ですが、幼かった娘の英語を伸ばしたいと試行錯誤したことが最初の「おうち英語」でした。20年以上前、夫の海外赴任に帯同した娘は1歳10カ月から3歳6カ月までと、小2から小3まで英語圏で暮らしました。しかし、低年齢の短い期間だったため、帰国後は英語をあっという間に忘れてしまいそうでした。そこで、せっかく習得した英語スキルを家庭で伸ばしたいと思ったのですが、いまのような「おうち英語」や「早期英語教育」の情報はありませんでした。そこで大学院に入って学び直し、第二言語習得の知見を得て、調査研究

でわかった英語力を伸ばすポイントを娘の英語伸長にも応用しました。その結果、娘の英語力はそこそこ伸びて英語を武器に受験を乗り切り、その後の人生でも英語が役立つツールになっているようです。

　今回の孫の英語サポートでも、昔学んだ第二言語習得の知識が役立つと思っていたのですが、最近の「おうち英語」関連の本や論文を読めば読むほど、そのバラエティに富む実践方法に驚かされました。そこで、100冊から得た知見を「おうち英語」に取り組む方にお届けしたいと、1冊にまとめました。

　私自身、英語教員向けの研修も受けてきて、フォニックスや多読を教えることもできますが、子ども向けの英語教育サービスを生業にしているわけではありません。そのため、「おうち英語への取り組み方」を公平な立場でレビューできた点はこの本をお読みいただくメリットのひとつだと思っています。

　本書では、単に「自宅だけでコツコツ取り組む早期英語教育」**だけではなく、子どもの英語力を育むために、両親や祖父母など周囲がサポートに関わる「早期英語のすべての取り組み」を対象**にしています。言いかえれば、保護者が自宅（おうち）でわが子に粛々と英語を教える取り組みに加えて、英会話スクールに通わせるなど外部の専門家を頼ったり、英語を使って遊ぶ「プレイデイト」と呼ばれる集まりを保護者が企画したりするこ

となども扱っています。

　なぜなら、実際に「おうち英語」に取り組んでみると、早期英語教育は「自宅での家族とだけの取り組み」から少しずつ変化せざるをえないと実感するからです。自宅だけで子どもと「おうち英語」を続けていくと、それまで順調に伸びていた英語力があるとき横ばいになって停滞することもあります。そういうときに、環境を変えたい、英語力を伸ばす「カンフル剤」のようなものがほしいと、英語を学ぶ同年齢の仲間を探したり、英語を使えるイベントに参加しようとする保護者は多いものです。また、着実に子どもの英語スキルが伸びていたとしても、年齢が上がるにつれて子どもの思考力が伸び、外部のエキスパートの力が必要になる時期も来ます。

　ですので、本書では、**子どもの英語力向上のために必要な取り組み、保護者がサポートをして行う英語教育はすべて扱う**というスタンスで、自宅外での英語学習の方法についてもふれていきます。

　本書で扱った「子どもの英語」「早期英語教育」関連の約100冊の本の書き手は、さまざまな分野の方々です。実際におうち英語に取り組んでいる(いた)保護者や英語教育産業に携わる方、言語習得・言語学・音声学などの専門家などが、経験や知見をもとにすすめる「子どもの英語に役立つメソッド(方法)」を洗い出してランキングにしています(「おうち英語」のおすす

めメソッドランキング／38ページ)。

　ランキングの決め方の詳細については、2章で説明していますが、今回「おうち英語」のメソッドランキング作成に利用した書籍には、以下のような本が含まれます。例えば、SNSの主にX(旧Twitter)で「おうち英語」のバイブルと推薦されている本、「おうち英語」や「英語育児」を検索ワードにAmazonや大学図書館の所蔵目録検索システムでヒットした書籍、図書館司書に相談して推薦された本などです。参考にした本のリストと参考資料は210〜215ページに掲載しています。

「子どもの英語を伸ばす」ための「おうち英語」の人気メソッドをランキングにした上で、3章から8章では、保護者のタイプ別に具体的におすすめの方法を提案しています。それぞれの方法の利点だけでなく、デメリットや反対意見などにもふれていますので、「おうち英語」をより深く理解しつつ、保護者の方が納得のいく方法を探し出せるよう工夫しています。

　本書が、ママやパパ、ばぁばやじぃじが、子どもの「おうち英語」に取り組む際のヒントになればうれしい限りです。

どんぐりばぁば

CONTENTS

はじめに …………………………………………………………………………………… 3

序章 | とにかく子どもには英語を—「おうち英語」ブーム … 13

小学校英語必修化が「おうち英語」を過熱させた?!
コロナ禍でおうち英語がさらに進化
海外大学への進学が注目され保護者の海外志向が強くなる
英語が難しくなっている?!親がさらにあせる要因に

第1章 | 知っておきたい「おうち英語」の基礎知識 … 19

おうち英語の基礎知識1 はじめる時期 ……………………………… 20
子どもの英語は早いほうがいいという「圧」はたしかにある
早いほうがいいという根拠「臨界期」とは何か?／臨界期は結局子どもによる?!

おうち英語の基礎知識2 かける時間 ……………………………… 24
100冊本の平均は74分／かける時間は小学校になると減る?

おうち英語の基礎知識3 9歳の壁 ………………………………… 27
立ちはだかる「9歳の壁」／「9歳の壁」で子どもはどう変わるのか
「9歳の壁」の克服はルーティン化と外注

Column 東アジアの英語教育事情 ……………………………………… 32

第2章 | 100冊読んでわかった「おうち英語」の方法とタイプ別おすすめ … 35

「おうち英語」23のおすすめメソッド ………………………………… 36

「子どもの英語」に役立つ本100冊が推す「おうち英語」のおすすめメソッドランキング ……………………… 38

多くの著者がすすめる学習法はやっぱり効果がある?! ……………… 40

「おうち英語」保護者の6つのタイプ ………………………………… 48
はじめの一歩・タイプ／アクティブ・タイプ／パーフェクト・タイプ／
バランス・タイプ／トラディショナル・タイプ／デジタル・タイプ

あなたはどのタイプ?　おすすめの方法は?
「おうち英語」タイプ・診断チャート ………………………………… 56

Check なぜ「おうち英語」をするのか ……………………………… 58

第3章 おうち英語の「はじめの一歩」とは? ……… 59

はじめの一歩は子どもの「好き」を繰り返す ……… 60

おすすめ1 英語絵本の読み聞かせ ……… 61
読み聞かせには賛否あり?!／絵本の読み聞かせ5つのポイント／
本選びのコツ1 本のレベルを知る指標を活用／本選びのコツ2 受賞絵本をチョイス／
読み方のコツ ガイドブックを参考にしても／
会話しつつ読む「ダイアロジック・リーディング」／プロに読んでもらう絵本の読み聞かせ

おすすめ2 英語音源のかけ流し ……… 74
質の高い音源の「かけ流し」には効果がある／かけ流しには弊害もある?!／
かけ流しの時間は上級者になると減少

おすすめ3 英語での語りかけ ……… 78
何をどう話す? 命令形は避けよう／語りかけは状況描写から／
語りかけに「子ども向け英英辞典」を活用／語りかけの英文作成にAI活用／
ネイティブの発音で語りかけるには?／語りかけが子どもに通じない場合／
英語力に不安があっても語りかけは継続がポイント

おすすめ4 身体を使った遊び(TPR：全身反応教授法) ……… 88
身体を使えば英語のリズムも身につく／
指示を聞いて動作で示す 全身反応教授法はシンプル／
子ども親もすぐできる音楽に合わせた遊び

「おうち英語」お子さん実例1 ……… 92

第4章 「アクティブ・タイプ」のおすすめおうち英語 ……… 93

家庭外でのアクティビティでインプット増! ……… 94

おすすめ1 プレイデイト(PD：英語で遊ぶ仲間づくり) ……… 95
仲間の力で英語力もアップ／参加する場がなければつくる?!／
PDのテーマ設定のヒント／PD主催の5つのコツ

おすすめ2 プレゼンテーション ……… 100
アウトプットを増やすプレゼンテーション／
未就学児・低学年のプレゼンはShow & Tellが基本／
小学校中学年以上のプレゼン お題と準備の5つのステップ／
子どもがプレゼンをするときの心構えと聞き方

おすすめ3 異文化理解・英語イベント ……… 106
イベントへの参加で視野が広がる

おすすめ4 国内外短期・長期研修、サマースクール ……… 108
「おうち英語」の高級路線／アジアでのサマースクールに送り込む家庭も

Column 韓国の早期英語留学 ……… 111

第5章 「パーフェクト・タイプ」のおすすめおうち英語 ... 113

フォローが必要な取り組みも根気よくサポート ... 114

おすすめ1 フォニックス／フォノロジカル・アウェアネス ... 114
人気のフォニックス／フォニックスは発音改善ツールという誤解／
いきなりフォニックスではなく「事前準備」が大事／
「フォノロジカル・アウェアネス」の取り組み方／フォニックスの導入時期／
フォニックスのルールでカバーできないサイト・ワーズ／
フォニックスの5つの学習プロセス／フォニックスの教材や素材はたくさん

おすすめ2 英絵辞典、英英辞典 ... 130
日英で違う絵辞典／小学生向けの英和・和英辞典も使える

おすすめ3 英単語絵カード ... 133
手づくりする保護者も多数／語彙力アップに効果的だが「状況」も意識させる

おすすめ4 日記（一行日記、初歩のライティング） ... 135
ライティングの練習は文字を大きく書くことから／
文章を書く前にまずは口頭で言えるように／書けるようになったら日記にトライ

おすすめ5 暗唱 ... 138
「暗唱」とAI読み上げ機能／暗唱の活用例　どんぐりばぁば家のケース

「おうち英語」お子さん実例2 ... 140

第6章 「バランス・タイプ」のおすすめおうち英語 ... 143

いろいろな教材を使いこなして親も英語力アップ?! ... 144

おすすめ1 多読 ... 144
子どもの「多読」と一般的な「多読」／子どもの多読の進め方／多読のメリット／
多読をレベルアップするには／多読のレベル、どう判断?

おすすめ2 アプリ ... 152
便利なアプリが増えている!／子どもとアプリ学習の注意点／
子ども用教育アプリの4つの見極めポイント

おすすめ3 英会話スクール、英語塾（対面） ... 157
9歳の壁は「英会話スクール、英語塾」で乗り切る／
小さい子ども向けの英会話スクールの場合

Check DWE（ディズニー英語システム） ... 160

第7章 「トラディショナル・タイプ」のおすすめおうち英語 161

定評のある英検や文法学習にもトライ 162

おすすめ1 英検（実用英語技能検定） 162
みんな大好き！「英検」／英検に注目が集まるわけ／保護者の7割が英検推し／
英検の試験の特徴6点／低年齢の英検受験準備／
小さい子どもが英検の上級レベルをめざすには／
小さい子が英検受験する際の当日の注意点／英検受験でおさえておくべきポイント

おすすめ2 文法学習 172
親世代の文法中心の学習はいまははやらない⁈／
子どもの文法学習は認知的能力の発達が鍵／
子どもへの文法指導はあせらずに 認知能力や年齢によって変化させる

Check 公文 176

「おうち英語」にかかる費用は？ 178

第8章 「デジタル・タイプ」のおすすめおうち英語 181

人気のオンライン・ゲームも英語学習に活用 182

おすすめ1 映像視聴 182
ネット時代で映像視聴はバラエティ豊かに／幼児が映像視聴するメリット／
小学生が映像視聴するメリット／映像視聴の注意点

おすすめ2 英語でゲーム、VR 189
新しいアプローチ　英語でゲーム、VR／英語でゲーム　メリット＆デメリット／
臨場感があるVR系英語学習

おすすめ3 オンライン英会話、オンラインスクール 195
オンラインで学ぶスタイルが人気急上昇／オンライン英会話とオンラインスクール／
オンライン英会話のチェックポイントと続けるコツ／オンラインスクールの利用法

おわりに 202
「おうち英語」で大切なこと／おうち英語を続けるために／
幼少期の取り組みは無駄にはならない

「子どもの英語」に役立つ本　リスト 210

参考資料 214

本書は著者の運営サイト「おうち英語資料室」https://acornenglishacademy.jp/内の
内容を一部生かしつつ、新たに書き下ろしたものです。

本書に掲載している情報は2024年10月時点のものです。
参考書籍、参考資料の一覧は210〜215ページに掲載しています。
参考資料や参考サイト掲載の内容・情報は変更されることがありますのでご了承ください。
参考書籍や本文中で紹介した教材など(書籍・ウェブサイト・その他サービス)は、
絶版・変更・中止となることがございます。あらかじめご了承ください。

本書では海外から帰国した幼児・児童・生徒を帰国子女と表記しています。
本書ではX(旧Twitter)などのソーシャルメディアをSNSと表記しています。

序章

とにかく子どもには英語を─
「おうち英語」ブーム

小学校英語必修化が
「おうち英語」を過熱させた?!

　いま、書店にはテキストから指南書まで、「子どもの英語」に関する本がズラリと並んでいます。また英語ビジネスでは、子ども向けの英会話や英語学童などが人気を集めており、非常に好調のようです。これほどまでに大流行中の「おうち英語」は、いつ頃からはじまったのでしょうか。

　子どもに英語力を授けたいと考える保護者は、昔から一定数いたでしょう。また、子ども向けの英会話教室も以前からありました。ただ、ここまで早期英語教育への関心が高まり、「おうち英語」が盛んになったきっかけはいくつかあると思います。

　何より大きいのは**「小学校に英語が導入」されたこと**でしょう。日本では2011年に小学5年生・6年生で外国語活動が必修化され、その後2020年には小学5年生・6年生で外国語（英語）が教科に、小学3年生・4年生では外国語活動が必修になりました（＊参考資料1、2、3／214ページ）。ちなみに、小学校への英語導入は、アジア非英語圏の韓国や台湾、中国のほうがずっと先で、日本は後発です（東アジアの英語教育事情は32ページを参照）。

　英語導入が早かった韓国や台湾、中国と同じく、日本でも小学校での英語の必修化がきっかけとなり、多種多様な英語教材や英語スクールなどのサービスがはじまり、家庭でも早期英語学習に取り組む「おうち英語」が注目されるようになりました。

「おうち英語」ブーム　序章

　また、小学校への英語導入以降、「おうち英語」に関連する本の出版も増えました。今回調査対象にした「おうち英語」や英語育児に役立ちそうな「子どもの英語の本」の一覧（210ページ）からも、この数年でたくさんの本が出版されていることがわかるかと思います。英語の専門家が執筆した書籍だけでなく、家庭で英語に取り組む保護者の方が「おうち英語」の実態を記した本も、多数出版されています。

コロナ禍でおうち英語がさらに進化

　小学校での英語必修化により、**多くの保護者が「英語を早く学ばせて、小学校での英語に落ちこぼれないようにしたい」という意識になった**わけですが、そのような動きをさらに加速させたのが、2020年春からのコロナ禍でもありました。

　緊急事態宣言などで行動が制限されたことにより、コロナ前からあった「オンライン」での英語学習サービスが一気に拡大して、子どもでもアクセスしやすくなりました。また、海外発の英語教育サービスなどが「通常の生活を送ることができない子どもたちに」と、さまざまな教材をインターネット上で無料提供したことも、「おうち英語」の広まりを後押ししました。こうした動きは、初期費用をおさえて早期英語に取り組みたいという保護者に歓迎され、その後の継続的な利用にもつながっているようです。

海外大学への進学が注目され
保護者の海外志向が強くなる

　また「おうち英語」に関心が集まっている背景には、「海外大学への進学」が注目を集め、**「海外志向」の保護者が増えている**ことも挙げられます。

　近年、首都圏の中高一貫校では、海外大学への進学者数を打ち出す学校が増えています。以前からメディアでは難関大学の合格者数のランキングが報じられていますが、最近では「海外大学進学者数」も大きく扱われるようになってきています。

　さらに、海外大学への進学志向は、首都圏に限らず地方でも見られます。ここ数年、地方から海外の有名大学に進学した複数の高校生がマスコミで大きく取り上げられたことがありました。それにより、保護者や生徒が「海外留学」を自分事として受け止めて、英語学習に励むきっかけになったケースもあるのではないでしょうか。

　くわえて、海外留学の斡旋（エージェント）サービスも拡大しており、コロナ終息後はネット広告などでも頻繁に目にするようになりました。

　このように、いままで縁遠かった海外の大学への進学がやや身近になってきたことで、保護者が海外留学や海外大学への進学を前向きに考えるようになり、早期の英語教育、「おうち英語」に取り組む層がより増えていると感じます。

序章 「おうち英語」ブーム

英語が難しくなっている?!
親がさらにあせる要因に

　また最近、「小学校英語の影響で中学英語が難化し、高校の英語、ひいては大学入学共通テストの英語のレベルも上がった」「小学校英語の教科書が2024年に4年ぶりに改訂されて学習単語数が増えた」といった、「英語が難しくなっているらしい」という報道が増えています。記事を目にした保護者が、**「小学校入学前に英語をなんとかしなければ」という漠然とした不安を感じる**ケースもあるようで、これもまた「おうち英語」に熱心に取り組む家庭を増やすことにつながっていると考えられます。

　ただ実際には、大学入学共通テストの英語の場合、単語数がやや増えて、長文問題が多少長くなった程度であると、大学入試向けの塾が発信しています（2024年度）。

　また、2024年に小学校英語教科書が改訂されたことも話題になり、文部科学省の学習指導要領で定められた「600語から700語」以上の単語数、例えば825語を扱う教科書も出てきて、「難しくなった」という報道もありました。実際には、すべての単語の発音とスペリングが完璧である必要はないのですが、保護者にとっては「小学校英語の教科書の単語数が825語」という数字のインパクトは大きかったのかもしれません（＊参考資料4／214ページ）。

　ここまで見てきたように「おうち英語」への熱が高まっている理由は複数あります。ネット上には子ども向けの英語教育ビジネスのPRがあふれており、ネットメディアを中心に「早期英語教育」に関する

話題を頻繁に目にします。また、SNSをのぞいてみると、おうちで子どもの英語力を伸ばす取り組みに挑む意欲的な保護者や、優秀な「おうち英語スーパーキッズ」の存在が目について、ついついあせりを感じてしまう保護者の方もいらっしゃることでしょう。

　たしかにネット時代のいまはさまざまな情報が入ってくるので、「おうち英語」に興味はあっても、何からどう取り組むべきかがわからないということにもなりがちです。そこで「おうち英語」では何を、何歳からはじめるべきかといった「おうち英語」の基本を、次章で紹介したいと思います。

知っておきたい「おうち英語」の基礎知識

おうち英語の基礎知識 1　はじめる時期

子どもの英語は早いほうがいいという「圧」はたしかにある

　小学校での英語教育は、日本では多くの地域で3年生からはじまることになりました。小学校英語にスムーズに取り組めるようにと、未就学児、あるいはもっと前から英語にふれさせたい、慣れさせたいと考える保護者が増えているようです。私自身も、生後4カ月からの1年間を英国で過ごした孫が帰国したあと、英語の音や単語にふれた機会を生かそうと「おうち英語」に取り組んでいるところです。

　では、早期英語教育はいつからはじめるのがいいのでしょうか。

　いま、英語スクールの多くが2歳前後から、またオンライン英語スクールは3歳か4歳から受講できるケースが多いようです。私の家の近くの英語スクールの子どもクラスはどこも満員です。スクールのスタッフさんによると、2歳になる前から「おうち英語」をはじめるお子さんが多いため、1歳半からのクラスは特に人気とのことでした。

　そこで、X（旧Twitter）のアンケート機能で「おうち英語」に関心がある方に、「おうちで英語をはじめた時期」をうかがいました。544名の方にご協力いただきました（2024年2月実施）。

　アンケートでは「子どもに対して英語の取り組みを家庭でいつからはじめたか」と質問しました。そのため、「英語の曲を聴かせる」「保護

者が英語で語りかける」などさまざまな取り組みが含まれています。結果は、0歳のベビー期が229名と一番多く、次いで1歳、3歳、2歳となりました。

「おうち英語」をはじめた年齢

(Xでアンケート実施／2024年2月／回答数544名)

　家で過ごす時間が長いベビー期は、たしかに「おうち英語」にもっとも効率的に取り組める時期です。孫を預かる「ばぁば仲間」も、英語のナーサリー・ライム（伝承わらべ歌）や絵本を利用して、子守中に「おうち英語」を行っています。わらべ歌や絵本は、5章でふれる「フォニックス」を教える前に欠かせない、「音への気づき（フォノロジカル・アウェアネス）」を育む取り組みにもなります。

　上記のグラフによると、ベビー期の次に「おうち英語」をはじめた人が多かった時期は、1歳から幼稚園の年少前の3歳までです。アンケートのコメントなどを見ると、保育園や幼稚園の集団生活で日本語のインプットが増える前に、早期英語を家庭内ではじめて、毎日の生

活の中で「英語をルーティン化」させたいという意見もありました。たしかに、年少前のこの時期であれば、習慣化も難しくはなさそうです。

このアンケート結果を見て、「そんなに小さい頃から英語に取り組ませなければいけなかったのか」とがっかりされた方は、どうぞあせらないでください。**英語をはじめる時期は、人それぞれでいいのです。**

それなのになぜ多くの方が、「子どもの英語は早いほうがいい」と考えてしまうのでしょうか。

早いほうがいいという根拠 「臨界期」とは何か?

「英語は早く学んだほうがいい」という話はよく聞きますが、その理由として、**音の習得には「臨界期(ある時期を過ぎると学習が難しくなる限界の時期)」があるという考え方が根拠にされている**ようです。しかし、この「臨界期を過ぎると音の習得が難しい」に関しては、さまざまな説があります。

例えば「臨界期」についてふれている文部科学省のサイト(＊参考資料5、6／214ページ)では、「『臨界期仮説』は、本来、母語(L1)習得に関するもの」という記載があります。また第二言語習得環境(第二言語に接する機会が日常生活にとても多い環境)においては「明確な言語の臨界期は未確認」とされていますが、一般論では学習年齢が高くなると、「母語話者に近いレベル」に到達するのは難しいと紹介されています。

くわえて、上記の文部科学省のサイトでは、外国語に接する機会が少ない日本のような環境下(EFL：English as a Foreign Language)

では、文法能力はむしろ早期英語教育をはじめた年齢が遅いケースのほうがテストの結果がよく、リスニングと発音は早くはじめたほうがよかったというスペインの調査例も紹介しています。

「やはり発音には臨界期があるのか」と思うかもしれませんが、日本人を対象にした別の調査例では、母語話者から継続的にインプットが得られるのであれば、習得時間の長さが発音スキルの向上に影響する可能性があるという調査結果もあります（＊参考資料7／214ページ）。このように、**一概に「〇歳が音の臨界期である」と特定するのは難しい**のが現状です。

臨界期は結局子どもによる?!

「臨界期がある」という実験結果やデータはたしかにありますが、多くの子どもを対象に調査してみると、実際には「子どもによる」と結論づけざるをえない場合もあります。私が大学院時代に調査した低年齢帰国子女の言語のアウトプットの結果もそうでした。ほぼ同時期に、同じような英語圏の環境から帰国した同年齢の児童を調査しましたが、その英語力、なかでも違いがわかりやすい発音ですら子どもによってバラバラでした。また、娘と同じ年齢で英語圏に引っ越してきた複数の日本人の2歳児も、英語の発音をすぐ習得して上手に発音できる子もいれば、そうでないケースもありました。個人差がかなり大きいと考えられます。

だからこそ、子どもの英語学習をはじめる際には、「臨界期」という考え方に必要以上にとらわれなくていいと思います。

おうち英語の基礎知識 2 かける時間

100冊本の平均は74分

「おうち英語」に取り組むにあたって、早いほうがいいという「臨界期」については諸説あり、何歳がベストということは言い切れないことはわかりました。では、年齢以外で「おうち英語」に取り組む際に気をつけるべきことはどのようなことでしょうか。

「おうち英語」をはじめるときに気になるのは、「どのくらいの時間を割けばいいのか」という点です。SNS上では、子どもが起きている間はずっと英語音声をかけ流すなど、比較的長い時間「おうち英語」に取り組んでいる方を見かけます。しかし、いまは未就学児であっても忙しく、保育園や幼稚園のあとに習い事やスポーツの練習をしたり、公園などで遊ぶ時間を確保したいと考える保護者も多いでしょう。そうなると、1日にどの程度の時間を「おうち英語」に割くのが現実的なのでしょうか。

そこで、「おうち英語」の目安時間を知るために、「子どもの英語」に役立つ本を100冊あまりチェックしました（詳細は2章）。残念ながら「おうち英語」の本は、何に取り組んだかについては書かれていても、「○時間行う」などの時間についての具体的な記載がないケースが大半でした。「スケジュールを決めて定期的に」などと、それぞれの家庭の方針に任せるという記載が目立ちました。

知っておきたい「おうち英語」の基礎知識 第1章

　その中で、まれに具体的な時間数の記載があった本を参考に、「おうち英語」の目安時間を探りました。例えば「1日に1時間から2時間YouTubeを見る」と書かれていた場合は、「1時間から2時間」の間をとって「90分」としてカウントしました。また、「2時間がおすすめ。しかし20分でもOK」という場合は、著者の意図は2時間と理解して、2時間のほうを採用しました。複数の本を出版している著者で、本によっておすすめの時間の記載が異なる場合は、新たにカウントしました。

　また、「おうち英語」の対象年齢も本によってバラバラなので、1冊の本の中で「5歳から30分から1時間。小学生は忙しいので20分でも構わない」と年齢によって提案が異なるケースでは、今回は「30分から1時間」と時間のみ採用して45分とし、年齢は考慮に入れませんでした。

　その結果、100冊本の中で時間数の記載があった本、17冊の**「おうち英語」の平均時間は約74分**となりました。

かける時間は小学校になると減る?

　「子ども英語の本」のデータとは別に、「おうち英語」を実践している保護者に、Xのアンケート機能でおうち英語の時間について聞いてみました。「1日に74分以上取り組んでいるか」について質問したところ、179名の方に回答いただきました(2023年11月実施)。

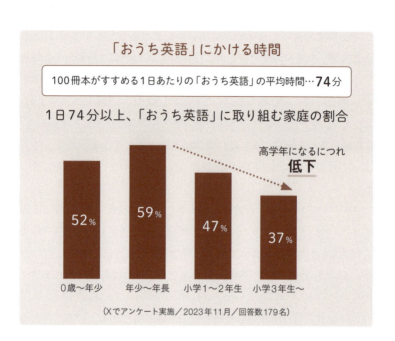

　アンケート結果によると、「おうち英語」の取り組みが74分を超えているご家庭の割合は、年少から年長では約6割でした。それが小学校に入ると減って、小学3年生以上では4割弱になってしまいました。

　英語時間の減少の理由はさまざまです。例えば、「小学3年生以降、ほかの教科が難しくなる」「中学受験の塾がはじまって英語に割ける時間が減る」「ほかのおけいこのスケジュールの関係」といった環境の変化も影響していますが、一番の理由は「子どもの成長」であるようです。
　では、なぜ「子どもの成長」によって「おうち英語時間」が減るのでしょうか。

知っておきたい「おうち英語」の基礎知識　第 1 章

おうち英語
の基礎知識　3　｜　9歳の壁

立ちはだかる「9歳の壁」

　子どもが成長することは喜びではありますが、小学3年生になると、いわゆる「9歳の壁」に遭遇するといわれています。

　よく聞く「9歳の壁」とは何でしょうか。この「9歳の壁」(識者によっては「8歳の壁」)とされる子どもの成長過程については、文部科学省のウェブサイト(＊参考資料8／214ページ)でも以下のようにふれられています。

「9歳以降の小学校高学年の時期には、幼児期を離れ、物事をある程度対象化して認識することができるようになる。対象との間に距離をおいた分析ができるようになり、知的な活動においてもより分化した追求が可能となる。自分のことも客観的にとらえられるようになるが、一方、発達の個人差も顕著になる(いわゆる「9歳の壁」)」

　それまで保護者の指示どおり素直に英語学習に励んできた子どもが、次第に親の言いなりにならなくなる一方で、成長による知的好奇心と思考能力の向上が顕著に感じられるようになります。

　そこで、「おうち英語」に取り組んだ経験がある複数の大学講師の同僚に、「9歳の壁」と「おうち英語」との関連を聞いてみました。いずれの方も、小学校中学年以降の「おうち英語」の継続は大変だったと

強調していました。たしかに、小学3年生から4年生にかけては、いわゆる「9歳の壁」とも重なっていて、子どもが精神的に成長する時期です。

また、9歳前後は子どもの将来の選択肢を考えなければならないタイミングでもあって、中学受験をするのか、高校受験をするのかを検討したり、得意な分野を伸ばすための放課後活動が増えたりと、子どもを取り巻く環境の変化が大きい時期です。

「9歳の壁」で子どもはどう変わるのか

「9歳の壁」に直面して子どもの英語学習の継続が難しくなることは、「おうち英語」の先輩方の例だけではなく、低年齢で帰国した子どもたち（低年齢帰国子女と呼びます）も同様です。私が大学院時代に行った低年齢帰国子女の言語調査でも、「英語保持をあきらめる」ケースは小学3年生以降で増えて、「おうち英語」の取り組み時間と同様、英語保持にかける時間が減少していました。

「9歳の壁」とされる時期の子どもたちの変化について、「おうち英語」の先輩の話や低年齢帰国子女の例をまとめると、以下の3つに集約されます。

1つ目は、9歳頃に知力や認知能力が上がることで、**日本語と英語のスキルに差が生まれることを、子ども自身が自覚する**ことです。例えば、「英語と日本語での思考が釣り合わなくなる」や「自分の意見を述べるときにどの英単語が適切かわからない」などと子ども自身が気

づくようになります。

2つ目は、**英語以外の学業や課外活動が本格化してくる**ことです。それまで優先的に英語に費やしていた時間が減ると、当然、英語のインプットとアウトプットの機会も失われていくことになります。

3つ目は、**親の庇護から脱して子どもたち同士の仲間意識が芽生えてくる**ことです。日本のような英語が外国語である環境では、「日本語のコンテンツでないと友達と話が合わない」ということになりがちです。いくら親が英語の本や映像をすすめても、周囲の友達が英語コンテンツに興味がないと、本人も英語との距離ができてしまいます。

低年齢帰国子女が、現地で身につけた言語力を伸ばすモチベーションが小学3年生以降に下がっていく理由と、「おうち英語」に積極的に取り組まなくなる子どもの「いいわけ」の裏には、このような心の葛藤が見え隠れします。

「おうち英語」の先輩方が指摘するように、「9歳の壁」の時期を乗り切ることが、いかに大変かがわかります。

「9歳の壁」の克服はルーティン化と外注

では、成長とともに自我が目覚める「9歳の壁」を乗り越えて「おうち英語」を続ける方法はあるのでしょうか。「おうち英語」の先輩方によると、「9歳の壁」を乗り越えるためのポイントは以下の2点です。先にふれた低年齢帰国子女の保護者の方がすすめていた英語学習継続のポイントとも重なる点です。

1つには**「9歳の壁」までに、「おうち英語」のルーティン化をしてお**

くことです。もう1つは、これまで親子で行ってきた「おうち英語」に**外部サービスを積極的に取り入れて「外注率」を高める**ということです。

　具体的には、「オンライン英会話を毎日設定してルーティン化。内容は楽しい自由な会話からはじめて、段階を踏んで学習項目が増える教材に変えた」「英会話スクールに個人レッスンを依頼して、子どもの興味のある分野を題材にしてもらい、英語の弱点を伸ばすよう心がけた」といった例がありました。

9歳前後で、子どもの英語の取り組み方を「楽しくお歌」や「たくさんの読書」から、「個人の得意分野プラス弱点克服」などにフォーカスして、**段階的な英語スキルのステップアップに軌道修正した**という意見が目立ちました。

　外注する利点は、家族以外の「先生」に教わることで、子どもが反抗的態度をとらずに英語学習をするようになることです。それまでは「ママ先生」「パパ先生」でなんとかなっていた「おうち英語」であっても、9歳前後になると親も子どもも遠慮がなくなり、喧嘩になってしまいがちです。
「ママ先生」「パパ先生」とは違う外部の「先生」がいることで、親子の衝突を避けられますし、外部の「先生」を通じて、客観的に子どもの英語力を見極めることができます。

　外注と同時に、子ども自身に「わかりやすい目標や目的意識をもたせた」という方もいました。サマースクールへの参加、スピーチコンテスト通過や英検受験などがその定番のようです。そのような「大きな目標」ではなく、「英語の本を〇冊読む」といった日常生活で達成で

知っておきたい「おうち英語」の基礎知識　第1章

きるゴールでも十分かもしれません。

　わが家の場合、娘が9歳の時期は小学2年生から3年生まで海外のインターナショナルスクールに通って帰国したタイミングでした。みるみる忘れてしまう英語力を維持するために、外注も積極的に取り入れて英会話スクールで個人レッスンを受けたりもしました。また、帰国子女向けの外国語保持教室の進級試験を毎年パスすることを目標に掲げて「おうち英語」も続けました。

　私自身も、子どもの英語学習のサポートをする際には「ママ先生」ではなく、「よそのお子さんに教えている」という意識で接するようにしていました。また、5章で紹介する「暗唱」を日課にしていたのですが、ご褒美シールを用意するなどして、子どものモチベーションを保つ工夫をしました。

　このように「おうち英語」の9歳の壁はどの家庭にも立ちはだかります。だからこそ、可能であれば「おうち英語」の取り組みは、9歳までにある程度、軌道に乗せるようにしたいものです。

　ではそれまでに具体的に何をすればいいのでしょうか。成功者が共通して取り組む「おうち英語」のベストな方法はあるのでしょうか？「おうち英語」のさまざまなメソッドを次の章で見ていきます。

東アジアの英語教育事情

　著者のどんぐりばぁばは孫の英語サポートにあけくれる毎日を送っていますが、以前、子どもの英語を伸ばす方法を探ろうと、大学院で第二言語習得論を学んでいました。その際、帰国子女の言語喪失や伸長の調査に取り組みました。

　当時から東アジアの英語教育は話題になっていて、いま、私が大学で教えている学生の何割かはアジアからの留学生です。ネイティブ・イングリッシュ・スピーカー並みの会話力の学生から基礎文法があやしい学生まで、正直、その英語力はかなり幅がある印象です。

　小学校の英語必修化が日本より早かった韓国、台湾、中国では、小学校英語の導入がはじまるのと前後して「おうち英語」ブームが起きていました。小学校英語の必修化を見こして、民間の早期英語教育サービスの提供がはじまっただけではなく、家庭において子どもの英語に取り組む「おうち英語」も、国によっては推奨されて、またたく間に広まった印象です。ここでは英語教育に特に熱心な韓国の事情を紹介します。

韓国の保護者の英語熱

　東アジアの「英語教育の先進国」と呼ばれることも多い韓国の小学校での英語教育は、1981年に小学校4年生以上の児童を対象に「特別活動」としてはじまり、1997年には小学校3年生から必修化されました。ちょうどアジア通貨危機とも重なり、韓国では企業倒産が相次いだときでもあって、保護者にとっては「子どもへの将来の投資」として早期英語教育が認識された時期でした。

　早期英語教育に前向きな保護者の様子は、「英語熱（English fever）」

と呼ばれるようになって、小学校の英語必修化にも影響を与えたとされています。

「英語熱」の影響で、普通の幼稚園や保育園でも早期英語教育がはじまり、平均週に1〜2回、30〜40分の英語レッスンが提供されました。また、英語オンリーの英語幼稚園、放課後英語プログラム、英語の家庭教師など、ありとあらゆる早期英語サービスがはじまりました。

その後、2000年代になると「おうち英語」の進化版ともいえる、小さな子どもと母親が海外に語学研修に行く「早期英語留学」のブームが富裕層以外にも広がりました。

早期英語留学では、子どもの英語力アップというメリットだけではなく、デメリットも生まれました。教育費の増大、家族が離れて暮らすことで起こるさまざまな問題、例えば韓国に残って母子の留学をサポートする父親たちの悲惨な状況なども社会問題になりました。

一方で、親の所得による英語教育の格差に対する不公平感を解消するために、政府がさまざまな施策を打ち出し、学校の空き教室を利用した夏休み英語キャンプや子ども向けの英語専門テレビ放送などもスタートしました。

このように韓国の保護者の「英語熱」は注目されましたが、負の側面もクローズアップされています。強制的に早期英語教育に取り組まされた子どもが、その後、言語学習に対する意欲を喪失するという「早期英語教育の弊害」も指摘されています。そのような弊害をなくすには、未就学児に英語を家庭で教える「おうち英語」では、子どもを励まして外国への興味を引き出すようにして、子どもの英語学習に対する不安を払拭することが大切だといわれています。

日本ではいま「おうち英語」がブームではありますが、「早期英語の先輩」韓国のあゆみから、あまりにも行き過ぎた「早期英語教育」は、子どもたちに必要以上の圧をかけることにもつながるという点に留意すべきでしょう。

（＊参考資料9〜15／214ページ）

第2章

100冊読んでわかった「おうち英語」の方法とタイプ別おすすめ

「おうち英語」
23のおすすめメソッド

「おうち英語」は、0歳のベビー期からはじめる人が多いものの、あせる必要はないこと、また可能であれば9歳までにある程度、軌道に乗せるよう心がけるとよさそうなことはわかりました。いよいよ「おうち英語」に取りかかりますが、そもそも外注を含めてどのような方法があるのでしょうか。メリハリのある「おうち英語」に取り組むには、子どもの将来的なビジョンや家庭の方針をふまえて、「おうち英語」に割ける費用と人的リソースをどこにどう配分するかの判断が必要でしょう。そのためにも、まずは「おうち英語」にはどのような方法があるのか、全体像をつかんでみましょう。

最近はSNSでもさまざまな「おうち英語」の取り組みが紹介されています。ただ、あまりにも情報が多すぎて体系立てて紹介されていないので、具体的にどうすればいいのか、なかなか見極めることが難しいですね。私の場合は、孫が生後4カ月で英国に行き、1年間過ごすことがわかっていたため、帰国後の英語サポートに備えて2021年に「小さい子どもに英語を教えるいまどきのメソッド」を調べはじめました。娘の英語力保持に注力していた20年前には一般的ではなかったフォニックスをはじめ、いま流行している方法を知るために、子どもの英語を伸ばす教授法や「おうち英語」に関連する書籍や論文などを100冊以上読みあさりました。

「子どもの英語」や「おうち英語」に関する書籍の書き手はさまざまですが、「実際におうち英語に取り組んでいる(いた)保護者」「英語教育

第 2 章 「おうち英語」の方法とタイプ別おすすめ

産業の経営者」「おうち英語のコンサルタント」「SNSで人気のおうち英語インフルエンサー」「幼児・児童・生徒に学校や自宅で英語を教えている先生」「言語習得・言語学・音声学などの大学教員」「子どもの言語獲得分野の専門家」「英語力を生かして世界を舞台に活躍している方」などの著書を中心に読み、その意見を参考にしました（100冊あまりの本の一覧は210ページに掲載）。

そして<u>「子どもの英語」本、約100冊が推す「おうち英語」の方法を集計し、ランキング</u>にしました。

なお、100冊あまりの本に記載された「おうち英語」の方法（メソッド）をどのように整理したかですが、まずは本に記載されているおすすめの「おうち英語」の方法を抜き出しました。その上で、1冊あたり1ポイントとしてカウントし、獲得した点数の多い順に並べています。同じ点数の方法は「タイ（同点）」としているので、23個の方法がありますが、ランキングは21位までとなっています。1位の方法が37ポイントで、つまり37名の著者がすすめていて、最後の21位は3ポイント、3名の著者が推しています。

2ポイント以下は本書のランキングリストには入れていませんが、例えば、「発音記号を暗記しよう」「難しいフォニックスより、お手軽な『語源』を理解しよう」「読み聞かせには、図書館のお話の時間で使うような大きな絵本（Big Book）を使おう」などについて、1〜2名の著者がすすめていました。

まずは、次のページで「子どもの英語」に関する本、100冊が推す「おすすめメソッド」をランキング順に紹介したいと思います。

「子どもの英語」に役立つ本100冊が推す

「おうち英語」のおすすめメソッド

1位	英語絵本の読み聞かせ
	英語音源のかけ流し
3位	フォニックス
4位	英語での語りかけ
5位	映像視聴
6位	多読
7位	英会話スクール(対面) 英語塾(対面)
8位	身体を使った遊び (TPR:全身反応教授法)
9位	英単語絵カード
10位	国内外短期・長期研修 サマースクール
11位	英検(実用英語技能検定)

「おうち英語」の方法とタイプ別おすすめ 第2章

ランキング

12位	英絵辞典、英英辞典
	文法学習
14位	オンライン英会話 オンラインスクール
	フォノロジカル・アウェアネス (フォニックス導入前の音への気づき)
16位	暗唱
17位	アプリ
	異文化理解・英語イベント
19位	公文
	DWE (Disney World of English)
21位	プレゼンテーション
	日記 (一行日記、初歩のライティング)
	プレイデイト (PD：英語で遊ぶ仲間づくり)

多くの著者がすすめる学習法はやっぱり効果がある?!

　ひとつ注意しなければならないのは、今回「おうち英語」の方法のランキングに利用している100冊あまりの本の著者の中には、英語関連の事業を手がけている人が多いという点です。具体的には、英語教室の経営者や講師、教材販売会社や英語コンサルタント、海外留学斡旋サービスを手がけている著者などが挙げられます。言いかえれば、自分の教育サービスにつなげるために自著の中で特定の方法をすすめているケースも見受けられました。

　また、英語に堪能な保護者が自分の子どもに「おうち英語」を教えた「体験談」的な内容の場合は、ほかの方が同じように再現するのが難しそうなメソッドもありました。

　とはいえ、**多くの著者が共通してすすめる「おうち英語」の方法を知ることには意味があります。人気の方法はやはりそれなりに早期英語教育の結果が出ているということでもあるからです。**

　これらの23の方法にくわえて、100冊本ではふれられていない、「新メソッド」も本書では扱います。最近は「おうち英語」に取り組む子どもに人気の英語学習方法として、オンラインゲームやVRゲームがあるのですが、それは8章で紹介します。

　3章以降で各方法について詳しく説明しますが、ここでは簡単に**ランキング順に各メソッドのポイント**をおさえておきましょう。

本書で参考にした「子どもの英語」の本100冊（一覧は210ページ）のことを、文中では「『子どもの英語』の100冊本」や「100冊本」、また著者の方々を「100冊本の著者」と表記します。

第2章 「おうち英語」の方法とタイプ別おすすめ

1位(タイ) 英語絵本の読み聞かせ / 英語音源のかけ流し

それぞれ、「子どもの英語」の100冊本の著者37名が推している方法です。ほとんどの著者は、英語圏の子どもが日常で読む英語の絵本を保護者が「読み聞かせ」することや、英語の歌や英語絵本の音源を家庭で流す「かけ流し」の両方をすすめています。

2つとも人気の「おうち英語」の方法ではありますが、一方で反対意見もあり、「英語が得意でない保護者は読み聞かせを避けるべき」「長期間の音源のかけ流しは子どもの集中力が続かない」などの批判もあるようです。

> 詳しくは3章

3位 フォニックス

100冊本の著者21名が「フォニックス」を推奨しています。いま、流行中のフォニックスを「子どもに習わせたい」という保護者は多く、当然「フォニックス推し」の本も増えています。しかし、「フォニックスは英語発音が良くなるツール」であるという短絡的なイメージがひとり歩きしています。フォニックスは発音に特化した教授法ではなく、「読み」と「綴り（スペリング）」へつながる長い道のりである点を理解していない著者も多い印象です。フォニックスは、「おうち英語」をはじめたばかりの方がいきなり取り組むには難しく、段階を踏んで少しずつ進めることが望ましいでしょう。

> 詳しくは5章

4位　英語での語りかけ

　100冊本の著者20名がすすめている「英語での語りかけ」は、1位の「英語絵本の読み聞かせ」と同様に、「保護者が英語が得意でないのであれば反対」という著者も4名いました。

詳しくは3章

5位　映像視聴

　手軽に「オーセンティックな（本物の）」英語にふれられることから、YouTubeなどの「映像視聴」は人気の方法で、18名の著者がすすめています。しかし、映像には子どもが視聴を止められなくなるような中毒性もあるので、保護者のサポートも必要でしょう。

詳しくは8章

6位　多読

　100冊本の著者17名が「多読」をすすめています。「多読」は人気の「おうち英語」の方法ですが、低年齢の子どもが行う場合には親のサポートが必須です。

詳しくは6章

第 2 章 「おうち英語」の方法とタイプ別おすすめ

7位　英会話スクール（対面）、英語塾（対面）

「英会話スクール・英語塾（対面）」は16名の著者がすすめていますが、そのうちの15名が英会話スクール・英語塾の経営に関わっている点は理解しておくといいでしょう。「9歳の壁」にぶつかったら、活用したい外部サービスのひとつです。

詳しくは6章

8位　身体を使った遊び（TPR：全身反応教授法）

100冊本の著者15名が、「身体を使った遊び」は「自然と英語を使う機会が増える」「身体を使うと語彙が定着しやすい」と推奨しています。

詳しくは3章

9位　英単語絵カード

語彙力アップが望める「英単語絵カード」を推奨する著者は13名いました。最近はオンラインで簡単に使えるデザインツールも増えているので、子どもの学習ニーズに合わせたカードを保護者が簡単につくれるようになりました。

詳しくは5章

10位 国内外短期・長期研修、サマースクール

　費用はかさみますが、本物の英語にふれるチャンスとして「国内外短期・長期研修、サマースクール」に言及している100冊本の著者は10名でした。最近は斡旋業者も増えているため、保護者の英語力を気にせずに、手続きを依頼することもできます。

詳しくは4章

11位 英検

　人気の「英検」を推奨する著者は9名でした。保護者の注目度も高い英検ですが、2024年春のリニューアルで「要約」や「Eメール」がテスト内容に加わるなど、新たな対策も必要です。

詳しくは7章

12位（タイ）英絵辞典、英英辞典 文法学習

　8名の著者が「英絵辞典、英英辞典」と「文法学習」を推しています。
　海外と日本で出版されている英絵辞典のほか、子ども向け英英辞典もおすすめです。**詳しくは5章**
「文法学習」については、子どもの年齢によって文法の教授法を変えたほうがいいなどのコツもあります。**詳しくは7章**

第2章 「おうち英語」の方法とタイプ別おすすめ

14位(タイ) オンライン英会話、オンラインスクール
フォノロジカル・アウェアネス
（フォニックス導入前の音への気づき）

100冊本の7名の著者が「オンライン（英会話、スクール）」と「フォニックス導入前の音への気づき」を推しています。

オンラインでの学びは、コロナ禍を経て子どもも慣れてきており、「おうち英語」でも手軽に利用されています。

詳しくは8章

「フォニックス」の学習ステップに入る準備段階が「フォノロジカル・アウェアネス」です。これは、子どもに自分を取り巻く環境の音など、「音の違いを認識」させることで、フォニックスにスムーズに取り組むための土台になります。

詳しくは5章

16位 暗唱

6名の著者が「暗唱」を推奨しています。そのほとんどは自社の扱う英語教材に暗唱を組み込んでいるのですが、暗唱は海外の学校でも推奨されている方法です。

詳しくは5章

17位（タイ） アプリ / 異文化理解・英語イベント

　5名の著者が「アプリ」を推奨しています。アプリはさまざまな種類があって手軽なので、スマホ世代の保護者の方が積極的に使っている便利ツールです。

> 詳しくは6章

　同じく5名の著者が「異文化理解」を深め「国際的な視野」を育むことが子どもの将来にとってプラスになると「異文化理解・英語イベント」を推しています。

> 詳しくは4章

19位（タイ） 公文 / DWE（Disney World of English）

　4名の著者が公文とDWEを推奨しています。
　公文式英語は先取り学習として人気です。

> 詳しくは7章

「おうち英語」界隈で人気の「DWE（Disney World of English：ディズニー英語システム）」は、購入者向けのイベントなどを多数開催しており、利用者も多く、運営側の手厚いフォローでも知られています。

> 詳しくは6章

21位（タイ）
プレゼンテーション
日記（一行日記、初歩のライティング）
プレイデイ（PD：英語で遊ぶ仲間づくり）

　3つの方法は、それぞれ3名の著者がすすめています。プレゼンテーションについては4章で、日記は5章でふれます。最後のプレイデイトは4章で説明します。

＊　＊　＊

わが家、わが子に合う方法は何か

　ここまでで、100冊本の著者の推す「おうち英語」の23の方法（メソッド）とランキングはわかりましたが、すべてを一度に試すのは現実的ではないでしょう。また、取り組む順番に明確なルールがあるわけでもありません。では、どう組み合わせてどのような順番で取り組んでいけばいいのでしょう。

　もちろん、「おうち英語」の方法は、子どもに合わせて各家庭で決めればいいのですが、具体的なイメージがあるとゴールまでの道筋がつかみやすそうですね。

　そこで、**「おうち英語」で培われる「英語力」のイメージを、各家庭の目標やねらいをもとに6つのタイプに分けてみました。**そうして、それぞれのタイプにピッタリの「おうち英語」の取り組みを、23の方法の中から紹介していきます。

「おうち英語」保護者の6つのタイプ

　子どもの英語を伸ばしたいと思っても、「おうち英語」の何から取り組んでいいかがわからない方も多いと思います。もちろん子どもの性格やタイプにもよるとは思いますが、やはり最初は**保護者がある程度おぜん立てして進める**ことが必要でしょう。そこで本書では「おうち英語」に取り組む保護者の方を、はじめて取り組むビギナーと5つのタイプ、計6つにグループ分けした上で、おすすめの方法を提案していきます。

　6つのタイプは保護者の方の「おうち英語」に取り組む姿勢やめざす早期英語のゴールをもとに分類しています。「英語に取り組む子ども自身のタイプ」ではなく、あくまで**「保護者の早期英語へのアプローチの違い」**に着目しています。つまり保護者の考える**「子どもに与えたい英語力」を「見える化」したイメージ**です。

　具体的な保護者のタイプは、これまで私がお会いした「早期英語教育に興味のある方々」100名あまりをモデルにしています。例えば、同僚の英語教員や海外駐在員の家族、低年齢帰国子女の言語調査に協力してくださった方など、いずれも子どもの英語に関心を持ち、実際に「おうち英語」に取り組んでいた方々です。すべての方が「子どものいまと将来」のために、最善の方法を探して奔走されていました。
　6つのタイプは少しデフォルメしてはいますが、この本を手に取った「おうち英語」に関心のある保護者の方も「私はこのタイプに近いかも」ときっと参考になるでしょう。

第 2 章 「おうち英語」の方法とタイプ別おすすめ

- ▶ 「おうち英語」をこれからはじめる＆はじめたばかりの
 「はじめの一歩・タイプ」
- ▶ 「おうち英語」仲間とのプレイデイト（PD）なども積極的に楽しむ
 「アクティブ・タイプ」
- ▶ 面倒なフォニックスなどにも根気よく取り組む
 「パーフェクト・タイプ」
- ▶ 多読のチェックやフォローをいとわない「バランス・タイプ」
- ▶ 定番の英検も上手に利用する「トラディショナル・タイプ」
- ▶ 最近はやりのオンラインゲームにもチャレンジする
 「デジタル・タイプ」

　最初の「はじめの一歩・タイプ」では、これから「おうち英語」をはじめる方や、はじめたばかりのビギナー向けのおすすめの方法を紹介しています。「はじめの一歩」以外の5つのタイプは、「おうち英語」の取り組みが少し進んだ方向けの方法を紹介しています。
「保護者の6つのタイプ」は、「1人1タイプ」で固定というわけではありません。子どもの年齢や環境でタイプは変わるでしょう。例えば「おうち英語」が軌道に乗ったら、「はじめの一歩・タイプ」の取り組みはやめていいのかといえば、実はそうではないのです。学習が順調に進んでいるときこそ、基礎に立ち返ることが欠かせない場合もあります。
「保護者の考える子どもに与えたい英語力」と言われてもピンとこない、「特に子どもの英語をこうしたいというイメージもない」「とりあえず自分のタイプが知りたい」ということでしたら、56ページに「おうち英語」のタイプのわかる「診断チャート」を載せました。ゲーム感覚で楽しみながらご自身の「タイプ」を探してみてください。意外な発見があるかもしれません。

TYPE 01 はじめの一歩・タイプ（Beginner-Type Parents）

　これから「おうち英語」をはじめようという方、またはじめたばかりの方は、まだ具体的に子どもの英語をどうしたいというイメージがわかないかもしれません。そこでまずは、「おうち英語」の基本ともいえる方法を取り入れ、誰しもが通る道を歩んでみましょう。

　いまは「おうち英語」をはじめたばかりの方向けに、「ベビー専用の英語教材」も多数販売されています。しかし、そのような教材をわざわざ購入しなくても、ご自宅で「おうち英語」に適した本や歌などを用意することもできます。

　また、はじめて「おうち英語」に取り組む場合、赤ちゃんではなく未就学児や小学生からスタートするご家庭もあるでしょう。ビギナー向けの取り組みは、ベビーでも小学生でも基本は同じです。

　はじめの一歩・タイプの保護者の方におすすめの「おうち英語」の取り組みは以下の4つです。

■**英語絵本の読み聞かせ**
■**英語音源のかけ流し**
■**英語での語りかけ**
■**身体を使った遊び（TPR：全身反応教授法）**
詳しくは3章

TYPE 02 アクティブ・タイプ（Active-Type Parents）

　アクティブ・タイプ（Active-Type Parents）の保護者の方は、英語は「未来を切り拓くツール」とお考えです。試験の点数など短期的な成果にとらわれず、子どもが将来、英語を使って世界に羽ばたき、広い視野で活躍できることを最終的なゴールと想定している方が多い印象です。グローバルな舞台で活躍できる英語の基礎力を育むために、日常のさまざまな場面で英語にふれる機会をつくり、異なる文化との出会いを通じて子どもが自信を持って英語を使えるよう、心を配っています。さらに、プレゼンテーションの基本を学ぶ機会を設けたり、地道な英語スキルの向上にも工夫をしています。

　保護者自身もイベントを企画したり、誰とでもすぐ仲良くなれるパワフルな行動力をお持ちです。そのパワーに支えられ、お子さんも安心して英語のアクティビティに参加できるでしょう。

　アクティブ・タイプの保護者の方におすすめの「おうち英語」の取り組みは以下の4つです。

■ **プレイデイト（PD：英語で遊ぶ仲間づくり）**
■ **プレゼンテーション**
■ **異文化理解・英語イベント**
■ **国内外短期・長期研修、サマースクール**

　詳しくは4章

TYPE 03 パーフェクト・タイプ（Perfect-Type Parents）

　パーフェクト・タイプ（Perfect-Type Parents）の保護者の方は、常に「早期英語に取り組む」メリットが何であるかを、子どもの成長に応じて意識するよう心がけている方でしょう。ネイティブ・イングリッシュ・スピーカーのような英語発音を身につけることはもちろん、英語を使って自己表現できる力や論理的思考を育むスキルなど、高度な言語能力を子どもが身につける基盤づくりを重視しています。

　そのために、「おうち英語」の教材や方法も納得いくまで調べた上で、時間のかかる英語の取り組みも面倒がらずにお子さんと楽しんで、最後までやりとげる「覚悟」をお持ちの方が多い印象です。両親の手厚いサポートで、お子さんの英語スキルも着実に伸びるでしょう。

　パーフェクト・タイプの保護者の方におすすめの「おうち英語」の取り組みは以下の5つです。

■フォニックス、フォノロジカル・アウェアネス
■英絵辞典、英英辞典
■英単語絵カード
■日記（一行日記、初歩のライティング）
■暗唱

　詳しくは5章

バランス・タイプ（Balanced-Type Parents）

　バランス・タイプ（Balanced-Type Parents）の保護者の方は、子どもの興味に合わせて上手に教材を使いこなす方でしょう。早期英語教育のゴールは、長い人生のどのような場面でも英語力を駆使できるスキルを身につけることとお考えです。そのためにも子どもの好きに任せてどんどん学習を進めるようなことはせず、保護者が子どもの理解力をチェックしながら進める「きめ細やかな伴走」を欠かしません。豊かで多様な英語のインプットを通じて、子どもが自然と英語力を育むことが、非英語圏の日本でも可能であるとお考えでしょう。

　そのためにも、単語を大量に暗記する単純作業ではなく、意味のあるやり取りをさまざまな場面で続けることの重要性を理解しています。お子さんが自信を持って英語を使いこなせる環境づくりを心がけ、アプリや英会話も取り入れています。

　バランス・タイプの保護者の方におすすめの「おうち英語」の取り組みは以下の4つです。

■多読
■アプリ
■英会話スクール、英語塾（対面）
■DWE（Disney World of English）
詳しくは6章

TYPE 05 トラディショナル・タイプ（Traditional-Type Parents）

　トラディショナル・タイプ（Traditional-Type Parents）の保護者の方は、目標に向かってコツコツとあきらめずに努力できる方でしょう。新しいことに飛びつくよりも、子どもの英語力のレベルをしっかりと把握しながら、定番の英語教材を選び、計画的に取り組む堅実さを大切にしています。子どもには、正確な文法と豊富な語彙を使いこなして、国際的なビジネスや国際交流の機会に、自信を持って英語を使える力を育んでほしいとお考えです。そのためにも文法など基本的なルールの習得を大事にしています。

　体系的に文法を学び、反復練習で理解を深められる教材を使って、無理のないペースで学習を進める方が多いようです。また、テストや資格取得に向けた取り組みを通じて、お子さんの英語力を客観的に把握し、自信を持って次のステップに進めるサポートも得意です。

　トラディショナル・タイプの保護者の方におすすめの「おうち英語」の取り組みは以下の3つです。

■**英検（実用英語技能検定）**
■**文法学習**
■**公文**
　詳しくは7章

第2章 「おうち英語」の方法とタイプ別おすすめ

TYPE 06 デジタル・タイプ（Digital-Type Parents）

　デジタル・タイプ（Digital-Type Parents）の保護者の方は、お子さんとともに常に新しい取り組みにチャレンジするタイプの方です。お子さんが単なる「英語を話せる人」ではなく、英語を通じて自分の考えを発信して、グローバルに活躍し、未来を切り拓く存在になれるよう、多角的な視点からのサポートを心がけています。

　トレンドにも敏感で、最新のテクノロジーを取り入れた英語学習方法のアップデートをおこたりません。リアルなコミュニケーションを重視して、お子さんが世界中の同世代の子どもたちと自然な英語で交流できるよう、実践的な英語のインプットやアウトプットに力を入れています。

　デジタル・タイプの保護者の方におすすめの「おうち英語」の取り組みは以下の3つです。

■映像視聴
■英語でゲーム、VR（ランキング外・新メソッド）
■オンライン英会話、オンラインスクール

詳しくは8章

> **参考** 診断チャート：**あなたはどのタイプ？**　次ページをcheck
>
> ご自分がどの「おうち英語」のタイプか手っ取り早く知りたい方は、次ページの「診断チャート」をお試しください。本書での「おうち英語」のタイプ分けは、保護者の「おうち英語」に取り組む姿勢や、想定する「早期英語のゴール」をもとに分類しています。「診断チャート」は、あくまでお遊びですので、結果はひとつの参考例として受け止め、ほかのタイプの方法も試してみてください。

\ あなたはどのタイプ？ おすすめの方法は？ /

「おうち英語」タイプ・診断チャート

「おうち英語」に取り組む保護者の方を
ビギナー+5つのタイプに分類しました。
保護者ご自身がどのタイプになりそうか、
参考程度に試してみてください。

あなたご自身の考えに
近いほうを選択して
進んでください

Q1 おもしろそうと思ったものはやり方がわからなくても子どもの英語に役立ちそうならとりあえず購入する

Q2 若い時は洋楽が好きだった

Q3 子どもの英語の教材は価格よりも質重視

Q4 毎日予定が入っていると充実感で満たされる

Q5 宝くじに当たったら子どもを海外のサマースクールに送り出す

Q6 大人も子どももたまにはデジタル・デトックス（ネット断ち）が必要

Q7 旅行前の下調べは子どもと一緒に楽しむ

Q8 時間がかかっても手づくりは自分流のアレンジができるので好き

Q9 子どもの英語は自分で内容を確認しながら取り組ませたい

Q10 好きなことには熱中して時間を忘れがち

⟶ Yes
→ No

「おうち英語」がまったくはじめてのビギナーは──

はじめの一歩・タイプ
（Beginner-Type Parents）

おすすめ 英語絵本の読み聞かせ／英語音源のかけ流し／英語での語りかけ／身体を使った遊び

59ページへ

「おうち英語」の方法とタイプ別おすすめ 第2章

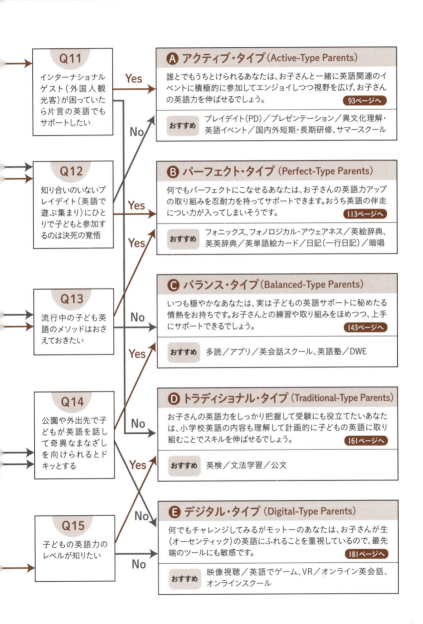

Q11 インターナショナルゲスト（外国人観光客）が困っていたら片言の英語でもサポートしたい

Q12 知り合いのいないプレイデイト（英語で遊ぶ集まり）にひとりで子どもと参加するのは決死の覚悟

Q13 流行中の子ども英語のメソッドはおさえておきたい

Q14 公園や外出先で子どもが英語を話して奇異なまなざしを向けられるとドキッとする

Q15 子どもの英語力のレベルが知りたい

Ⓐ アクティブ・タイプ（Active-Type Parents）
誰とでもうちとけられるあなたは、お子さんと一緒に英語関連のイベントに積極的に参加してエンジョイしつつ視野を広げ、お子さんの英語力を伸ばせるでしょう。　93ページへ

おすすめ プレイデイト(PD)／プレゼンテーション／異文化理解・英語イベント／国内外短期・長期研修、サマースクール

Ⓑ パーフェクト・タイプ（Perfect-Type Parents）
何でもパーフェクトにこなせるあなたは、お子さんの英語力アップの取り組みを忍耐力を持ってサポートできます。おうち英語の伴走についカが入ってしまいそうです。　113ページへ

おすすめ フォニックス、フォノロジカル・アウェアネス／英絵辞典、英英辞典／英単語絵カード／日記（一行日記）／暗唱

Ⓒ バランス・タイプ（Balanced-Type Parents）
いつも穏やかなあなたは、実は子どもの英語サポートに秘めたる情熱をお持ちです。お子さんとの練習や取り組みをほめつつ、上手にサポートできるでしょう。　143ページへ

おすすめ 多読／アプリ／英会話スクール、英語塾／DWE

Ⓓ トラディショナル・タイプ（Traditional-Type Parents）
お子さんの英語力をしっかり把握して受験にも役立てたいあなたは、小学校英語の内容も理解して計画的に子どもの英語に取り組むことでスキルを伸ばせるでしょう。　161ページへ

おすすめ 英検／文法学習／公文

Ⓔ デジタル・タイプ（Digital-Type Parents）
何でもチャレンジしてみるがモットーのあなたは、お子さんが生（オーセンティック）の英語にふれることを重視しているので、最先端のツールにも敏感です。　181ページへ

おすすめ 映像視聴／英語でゲーム、VR／オンライン英会話、オンラインスクール

Check

なぜ「おうち英語」をするのか

序章と第1章で、「おうち英語」が注目されている理由のひとつが小学校での英語必修化であることがわかりました。

そこで、小さなお子さんをお持ちの方に「おうち英語」に取り組む理由や目標をXのアンケート機能でうかがったところ1,204名もの回答が集まりました（2024年2月実施）。

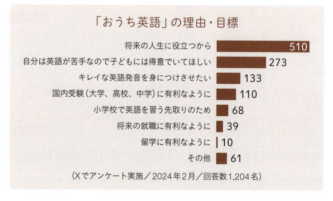

「おうち英語」の理由・目標

- 将来の人生に役立つから　510
- 自分は英語が苦手なので子どもには得意でいてほしい　273
- キレイな英語発音を身につけさせたい　133
- 国内受験（大学、高校、中学）に有利なように　110
- 小学校で英語を習う先取りのため　68
- 将来の就職に有利なように　39
- 留学に有利なように　10
- その他　61

（Xでアンケート実施／2024年2月／回答数1,204名）

510名、およそ半数の方が、「子どもの将来の人生に役立つから」との回答で、「子どもに英語という翼をさずけたい」とコメントする方もいました。子どもの未来の選択肢を「おうち英語」を通して増やしてあげたいと考えている方が多いことがわかりました。

次に多かったのが「自分は英語が苦手なので子どもには得意でいてほしい」という回答です。長年、英語を学んだのに思うようには使えないと感じている保護者の方が「子どもには英語で不自由させたくない」と思っているようです。その他、「キレイな英語発音を身につけさせたい」「受験に有利なように」といった回答もありました。

第3章

おうち英語の「はじめの一歩」とは？

はじめの一歩は
子どもの「好き」を繰り返す

「おうち英語」のはじめの一歩を踏み出すビギナーさん (Beginner-Type Parents) 向けのおすすめの方法は、**「英語絵本の読み聞かせ」「英語音源のかけ流し」「英語での語りかけ」「身体を使った遊び (TPR：全身反応教授法)」**です。
「ビギナーさん向け」としましたが、**この4つは「おうち英語」の取り組みがある程度進んでいるご家庭でも継続したい方法**です。年齢に合わせて変化させつつ、子どもの「好き」に応じて組み合わせながら、細々とでもいいので続けていきましょう。

　毎日違う歌や絵本を用意しなくてもいいので、1つのアクティビティにある程度集中し、同じことの「繰り返し」からはじめることがポイントです。**繰り返し同じ音源や本を見るほうが、子どもの「お気に入り」ができて、英語のリズムも語彙も定着しやすい**からです。同じ本や歌を続けるうちに余裕が生まれれば、次のステップとして、英語で声かけをするなど、レベルアップをしていけばよいのです。

　英語塾J PREPの斉藤淳先生が『ほんとうに頭がよくなる 世界最高の子ども英語：わが子の語学力のために親ができること全て！』(ダイヤモンド社) の中で述べているように、この時期の「お子さんの英語力や知力を大きく左右するのは環境づくり」や「保護者の工夫」です。家庭で英語の「お勉強」をするわけではないので、子どもにも親にも無理のないやり方で「おうち英語」のはじめの一歩を踏み出しましょう。

おすすめ 01 英語絵本の読み聞かせ
（100冊本メソッドランキング1位）

POINT

- 親が読む場合は子どものレベルに合った本を
- 親が読むのが苦手ならば読み聞かせ音源や映像を活用
- 本選びは本のレベルを知る指標や受賞本を参考に
- 上級者になったらダイアロジック・リーディング
- 著者や有名人が絵本を読む映像コンテンツも多数あり

読み聞かせには賛否あり?!

　読み聞かせとは、紙媒体やオンラインでアクセスできる英語の絵本や児童書を、保護者が英語で読んで子どもに聞かせることです。最近は音源の付いている絵本も多く、付属のCDやインターネット経由で音源を入手できる本もあります。

　実は「おうち英語」の絵本の読み聞かせに関しては、英語の苦手な保護者は自分で読み聞かせをすべきではない、ネイティブ・イングリッシュ・スピーカーの音源に頼るべき、英語の読み聞かせは意味が理解できない子どもは楽しめないと指摘する専門家もいます（『「英語」であなたの子どもが変わる！』／研究社）。

　もしご自身で読み聞かせをすることを躊躇してしまう場合には、絵本の著者や有名俳優が読み聞かせをする映像を利用してはいかがでしょう。また、本のタイトルでネット検索すると、発行元の出版社や

ストーリーアワー(＊)を実施した図書館などが公開している、本の著者自身や著名人が絵本を読む映像が見つかります。著者の想いのこもった読み聞かせを、子どもと一緒に楽しんでみましょう。

(＊図書館で子どもを対象に読み聞かせをすること。図書館司書や保護者のボランティアだけではなく、本の著者自身が自書を読む場合もあります)

絵本の読み聞かせ 5つのポイント

保護者による「絵本の読み聞かせ」に関しては反対意見の専門家もいますが、次ページの**5つのポイントに気をつければ、保護者の英語力を気にすることはない**と、「子どもの英語」の100冊本の約4割の著者が読み聞かせに肯定的です。

例えば『親子で楽しめる 絵本で英語をはじめる本』(ディスカヴァー・トゥエンティワン)では、「コミュニケーションしながら絵本でアナログな時間を過ごす」重要性に注目して、英語絵本を親子で読むことで保護者の英語力も上がって「親子で一緒に成長できる」、英語絵本の語感を通じて「人生の豊かさを感じられる」などの利点が紹介されています。くわえて、英語が苦手であっても保護者が読むことで「英語絵本を読むことを習慣にしやすくなる」、絵の中から本文の言葉に書かれていないモノなどを親子で見つける「非言語のメッセージを楽しむ余裕が持てる」というメリットにも着目しています。

私自身もこのような「読み聞かせ」をこれまで子どもや孫に心がけてきました。いきなり難しい本を選ぶことはせず、子どもが関心を持つ分野の簡単な内容の本や図鑑などを広げて、好きなアイテムを探し

ながらページをめくっていきます。読み聞かせをしながら、一緒に本を読む時間を共有するようにしています。

また、下記の「読み聞かせ」のポイントのうち、保護者が感情たっぷりにオノマトペを強調しながら読むことは、英語でも日本語の絵本でも重要です。それぞれの言語の話者ならではの語感を、絵本を読みながら習得できるからです。(ゴロゴロという)有声音と(コロコロという)無声音のペアに対して感じる大小の差は、日本語母語話者ならではの感じ方で、日本語を学んだ留学生であってもこの有声音のオノマトペを大きなイメージに結びつけることはできないと、言葉の習得の専門家も言語と認知の関連について言及しています(『ことばの育ちの認知科学』/新曜社)。英語絵本に多いオノマトペを小さいうちに味わうことで、英語ならではの世界観にふれることができ、語感を身につけられるでしょう。

絵本の読み聞かせ・5つのポイント

❶ 初心者は単語数の少ない読みやすい絵本を選ぶ

❷ 子どものレベルに合った絵本を選ぶ

❸ タイトルだけではなく、著者名も読んであげる。子どもは意外と関心を持って聞いていてしっかり記憶している

❹ 保護者の英語力を気にせず、親子のコミュニケーションをはかる機会ととらえる

❺ ベビー期や幼児期に読む絵本にはオノマトペ(ピューピュー風が吹くなどの擬音語や擬態語)やリズミカルな韻が多い。発音を気にせずジェスチャーをつけながら大げさに読んで、英語のリズムや韻を意識する

本選びのコツ1
本のレベルを知る指標を活用

　読み聞かせをする際は本の選び方が大事です。**基本は子どもの好きな分野や英語のレベルに合った本を選ぶ**ことです。はじめて読む場合は定番のEric Carleの"The Very Hungry Caterpillar"やMichael Rosenの"We're Going on a Bear Hunt"あたりからはじめると間違いがなさそうです。

　もし選んだ英語絵本のレベルが「単語数が少なくて読みやすい」かどうかがわからない場合は、海外出版社のウェブサイトを参考にするといいでしょう。

　例えば、英国の小学校で採用されているオックスフォード大学出版局の"Oxford Reading Tree"（ORT、レベル分けされ薄くて読みやすいので「おうち英語」では定番の学習絵本）は、「Oxford Reading Treeレベルチャート」で検索すると、使用語彙数などが記載されたレベル表にアクセス可能です。ほかにも、英国の出版社DK（Dorling Kindersley Limited）のサイトでは、ネイティブ・イングリッシュ・スピーカーの子どもの年齢層別に本が検索できます。さらに、英国の児童書出版社のUsborne（Usborne Publishing Limited）や米国の教育系メディア出版社のScholastic（Scholastic Inc.）でも、年齢別や学年別に本の検索ができます。また、米国のHarperCollins Publishersも、子ども向けの多読シリーズの"I Can Read"を5つのレベルに分けており、本のタイトルをサイトから検索できます。

第 3 章 おうち英語の「はじめの一歩」とは？

本のレベルがわかる出版社のウェブサイト

- **Oxford Reading Tree PACKS + LEVEL CHART**
  https://www.oupjapan.co.jp/sites/default/files/contents/eduk/ort/media/ort_level-chart_2015.pdf
- **Dorling Kindersley Limited**
  https://www.dk.com/us/category/childrens
- **Usborne Publishing Limited**
  https://usborne.com/row/books
- **Scholastic Inc.**
  https://shop.scholastic.com/parent-ecommerce/shop-by-grade-and-age.html
- **HarperCollins Publishers**
  https://www.icanread.com

Tips

英語絵本のレベルには「日本人向けに特化された指標」もあります。例えば日本多読学会と「SSS英語多読研究会」が設定した「読みやすさ(Y)レベル(L)」を略した「YL指数」です。日本で入手しやすい英語絵本や児童書、一般書などに対して独自の「YL指数」を付けています。

YL指数は、「めざせ100万語! 多読で学ぶSSS英語学習法」（SSS英語多読研究会）のサイトの「YL表」ページ（https://www.seg.co.jp/sss/YL/index.html）内にある「A_Z」（PDF）にて、SSS英語学習法が設定している語彙レベルを見ることができますし、『めざせ100万語! 読書記録手帳』（コスモピア）にも載っています。ちなみにYL指数レベル1.0の本は、Oxford Reading Treeシリーズの後半の9のレベルが該当しています。

本選びのコツ2
受賞絵本をチョイス

　こうした指数やおすすめ情報を参考にしても、子どものお気に入りの絵本に出会えない場合は、**絵本や児童書の有名な賞を受賞しているかどうか**も参考になるでしょう。

　米国や欧州には児童書向けのさまざまな賞がありますが、なかでも、米国図書館協会児童図書館サービス協会（Association for Library Service to Children, a division of the American Library Association: ALSC, ALA）主催のニューベリー賞（Newbery Medal）とコルデコット賞（Caldecott Medal）はよく知られています。表紙に受賞の印の丸いシールが貼られた本を見たことがあるかもしれません。

　いずれも米国在住もしくは米国国民の作家を対象とした、権威ある児童書の賞です。受賞作品や過去の受賞作リストは各賞のウェブサイトから探すことができます。

　またXの「#英語絵本」や「#おうち英語ツイオフ」のハッシュタグも参考になります。「おうち英語」に取り組む方が子どものお気に入りの本をハッシュタグで紹介しているので、絵本選びのヒントになります。

- **ニューベリー賞（Newbery Medal）**
  https://www.ala.org/alsc/awardsgrants/bookmedia/newbery
- **コルデコット賞（Caldecott Medal）**
  https://www.ala.org/alsc/awardsgrants/bookmedia/caldecott

第3章 おうち英語の「はじめの一歩」とは？

読み方のコツ
ガイドブックを参考にしても

　子どもが気に入りそうな絵本は探せても、保護者が英語でどう音読すればいいのか悩んでしまうこともあるでしょう。どのような点に注意して読むべきかについては、読み聞かせの「あんちょこ」ならぬ「ガイドブック」を参照するといいでしょう。

　前出のSSS英語多読研究会の読み方の本をはじめ、英語の本の読み方のガイドブックは何冊か出版されていますが、一番のおすすめは『絵本で楽しく！幼児と小学生のための英語：英語教育と日本語教育の視点』(大阪教育図書)です。これは、小学校教員に「英語の絵本の読み聞かせ」方法を教える、いわば教師の虎の巻です。小学校での限られた授業数の中で、いかに児童の英語力を伸ばすかを目的としたアドバイスが掲載されています。収録本は『ロージーのおさんぽ』(偕成社)、『コロちゃんのがっこう』(評論社)、『パパ、お月さまとって！』(偕成社)など、日本の子どもにもなじみ深い本ばかりですが、英語の原文や日本語訳の全文が載っているわけではなく、それぞれの本を読み聞かせる上でのポイント、例えばオノマトペの繰り返しやリズムのつけ方などが説明されています。

　家庭で英語絵本の読み方に悩んだときに役立つはずです。このガイドブックでは、同じ本を最初に原書（英語）、次に和書で読み聞かせをすることが推奨されていますが、「おうち英語」では英語読みだけで十分でしょう。

会話しつつ読む「ダイアロジック・リーディング」

　絵本の読み聞かせに慣れてきたら、次は上級者向けの読み聞かせにトライしてみましょう。「積極的に聞き手の子どもに質問して、子どもが話者となって話してもらおう」というのが、いま欧米で流行中の「読みのメソッド」です。

　この**「子どもと会話しつつ読む」方法は、「ダイアロジック・リーディング」**と呼ばれていて、米国のホワイトハースト博士が提唱した読み方です。会話（ダイアログ）しながら、子どもと一緒に本を楽しんで読むことを推奨しています（＊参考資料16、17／214、215ページ）。

　日本語で絵本をよく読む保護者であれば、実は自然とダイアロジック・リーディングをしているはずです。読み聞かせのときは単に字面をなぞるだけでなく、挿絵を見ながら子どもに「ほら、アヒルちゃんがいるね」「アヒルってなんて鳴くかな」と語りかけたり、一緒に鳴きまねをしたりするでしょう。ダイアロジック・リーディングは、同様のことを、英語で読み聞かせをしながら子どもに行うイメージです。

　絵本を読みながらの質問にはステップがあり、最初は簡単にYesやNoで答えられる質問や、指さしだけで終わるやり取りからはじめることがポイントです。子どもが思わず反応して話したくなるような問いかけをすると、子どもの「表現力がアップ」「発話が長くなる」「単語やフレーズが増える」など、子どもの言語能力に良い影響が出るといわれています。

　ホワイトハースト博士が提唱したダイアロジック・リーディングの方法をベースに、「おうち英語」で使いやすいように4つのステップに仕立ててみました。

STEP 01 「子どもの発言を促す」質問をする
YesかNoで答えられる簡単な質問で可

　例えば、アヒルの絵を指さしながら"Have you ever seen a duck swimming?"（アヒルちゃんが泳いでいるのを見たことある？）などと言ってみましょう。子どもはYesかNoで答えられるので、発言を促すきっかけになるでしょう。質問例は以下の通りです。

> Can you find the big brown bear in the picture?
> （絵の大きい茶色のくま、探せる？）
> Is the monkey eating a banana?
> （おさるさん、バナナ食べている？）
> Have you ever heard an owl hoot?
> （フクロウの鳴き声を聞いたことがある？）
> Do you like the sound of birds chirping?
> （鳥のさえずりは好き？）
> Can you point to the little yellow duckling?
> （小さい黄色のアヒルの子を指さしてみて）
> Have you ever seen a rabbit hopping around like that?
> （うさぎがあんな風に飛び跳ねているのを見たことある？）
> Have you ever stroked a kitten?
> （子ネコをなでたことある？）
> Can you show me where the fish is?
> （お魚はどこにいるかな？）
> Do you think the lion is roaring loudly?
> （ライオンが大きな声でほえていると思う？）

　少し慣れてきて、子どもとのやり取りが上手にできるようになってきたら、次のステップにうつりましょう。

STEP 02　子どもの発話をより促すきっかけになるよう what, where, when, whyなどを使ってみる

例えば、絵本の動物を指して、"What do we call this?"（このお名前なぁに）などと、子どもに聞くといいですね。子どもは動物の名前がひと言返せれば十分なので、簡単にコミュニケーションがはかれます。

子どもからの反応がある程度あれば、why系の質問でさらに考えを聞いてみましょう。最初は答えられなくても、何度も繰り返してやり取りをすると、親子ともに慣れていくはずです。おためしフレーズは以下の通りです。

> **What color are the flowers?**
> （お花は何色かな？）
>
> **When does a puppy sleep?**
> （子犬はいつねんねするの？）
>
> **Where do you think the butterfly is flying to?**
> （ちょうちょはどこへ飛んでいくと思う？）
>
> **Why does the cow make that noise?**
> （牛はなんでああいう声を出しているのかな？）
>
> **When can you see the stars?**
> （星はいつ見えるかな？）
>
> **Where did the bird build the nest?**
> （鳥はどこに巣をつくったのかな？）
>
> **Why is the puppy wagging its tail?**
> （子犬はなんでしっぽをふっているのかな？）
>
> **What type of food do you think the bear likes?**
> （くまが好きな食べ物はなんだと思う？）
>
> **Where is the train going?**
> （電車はどこに行くのかな？）

おうち英語の「はじめの一歩」とは？ 第3章

STEP 03
少し答えられるようになったら話の途中で
"Tell me what's happening in this picture?"（この絵では何が起きているのかな？）など
答えが決まっていない質問（オープン・クエッション）をする

質問例は以下の通りです。

> Could you tell me what the bear is doing?
> （くまが何をしているのか教えてくれる？）
>
> How is the bunny feeling now?
> （うさぎはいまどんな気持ちなのかな？）
>
> How does this color make you feel?
> （この色を見るとどんな気持ちになる？）
>
> Why do you think the cat is looking at the tree?
> （ネコはなぜ木を見ているのかな？）
>
> Where do you think the forest path leads to?
> （森の小道はどこにつながっていると思う？）

STEP 04
やり取りが上手にできるようになったら
子どもの発話をどんどん促すように
合いの手を入れる感じで背中を押してあげる

子どもの発言をほめて共感するフレーズをご紹介します。

> That's right!
> （そのとおり！）
>
> Yes, you're right!
> （そう、あなたの言うとおり！）

> Good job!/Good ear!
> (よくできたわね！／よく聞いていたね！)
>
> That's a great point!
> (いい指摘ね！)
>
> I love that you saw that! I didn't notice that.
> (それがわかってすごいね。ワタシは気づかなかったよ)
>
> You're really into the story!
> (ストーリーに夢中だね！)
>
> You're giving this a lot of thought.
> (いろいろ考えているんだね)
>
> Wow! You're smart!
> (すごいね！おりこうさんだね！)
>
> Really impressive!
> (本当にすごいな！)
>
> Great answer!
> (大正解！)

　読み聞かせをしているときに子どもが反応したら、それは「大人が話して子どもが聞く」スタイルから、「子どもが語り手」となったことになります。親子の役割が交代して、子どもが主役になるのは良いことです。子どもが語り手になることで、絵本の内容を注意深く考えたり、疑問を持ったりと、いわゆるクリティカル・シンキングの土台を育むことにもつながります。

　このように、**おうち英語の「絵本の読み聞かせ」は、英語での親子のコミュニケーションの機会ととらえて取り組みましょう**。親子で絵本を楽しみながら意見交換をして知識を深めたり、考え方をまとめたりすることは、実は先にふれた「9歳の壁」を越えるための準備にもなります。

第 3 章 おうち英語の「はじめの一歩」とは？

Tips プロに読んでもらう絵本の読み聞かせ

YouTubeで著者自身が本を読む映像を探すときは"author reading children's book"で検索してみましょう。下記に例を挙げます。また、BBCのチャンネル「CBeebies」では有名人が絵本を読む映像を配信中です。

プロが絵本を読む動画例

- **The Very Hungry Caterpillar（Eric Carle）**
  https://www.youtube.com/watch?v=vkYmvxP0AJI
- **We're Going on a Bear Hunt（Michael Rosen）**
  https://www.youtube.com/watch?v=Iou5LV9dRP0
- **Johnny the Walrus（Matt Walsh）**
  https://www.youtube.com/watch?v=DZB9CRl1aLg
- **BBCの「CBeebies」のYouTube**
  https://www.youtube.com/@cbeebies

非営利団体Storyline Online（https://storylineonline.net）が提供する英語絵本読み聞かせ映像サイトもおすすめです。読み聞かせの時間（Run Time）や学年（KinderからGrade 4th）で検索ができます。

例えば幼稚園（Kindergarten）のレベルの本は、以下のようなタイトルが収録されています。またHarperCollins PublishersのYouTubeのHarper Kids（https://www.youtube.com/@HarperKids）にも複数の動画がアップされています。

- **Storyline Online**　https://www.youtube.com/@StorylineOnline
  "Harry the Dirty Dog" read by Betty White
  "The Rainbow Fish" read by Ernest Borgnine
  "The Three Little Pigs and the Somewhat Bad Wolf" read by Kaia Gerber
  "The Hula-Hoopin' Queen" read by Oprah Winfrey
  "Library Lion" read by Mindy Sterling

おすすめ 02 英語音源のかけ流し
（100冊本メソッドランキング1位）

POINT

- いまは無料の音源が多数入手可能なので、誰でも手軽にできる
- 聞くだけではなく一緒に歌えば親子のコミュニケーション向上に
- 長すぎるのも弊害があり？　時間を決めて行うとよい
- 初心者向け取り組み。上級者はインプットからアウトプットへシフトさせる

質の高い音源の「かけ流し」には効果がある

「おうち英語」において、「絵本の読み聞かせ」とともに人気の取り組みは「英語音源のかけ流し」です。CDしかなかった時代と違って、いまはYouTubeやポッドキャストなどから無料の音源が入手でき、スマートスピーカーなどを使ってすぐに再生できる手軽さも人気の要因です。

かけ流しの方法はさまざまです。バックグラウンド・ミュージックのように英語教材やaudibleで聞けるお話を24時間かけ流している家庭もあれば、「今日はこの歌を一緒に歌って踊る」と曲を決めて、ピンポイントで短時間流す方もいます。

「英語音源のかけ流し」は、「子どもの英語」の100冊本の著者37名がすすめており、例えば、英語スクールを運営する船津徹先生も、日

おうち英語の「はじめの一歩」とは？ 第3章

本人家庭では「マザーグース、ナーサリー・ライム、季節の歌などを『かけ流ししておけばよい』のです」としています（『世界で活躍する子の〈英語力〉の育て方』／大和書房）。

「かけ流し」の賛成派は、質の高い音源であれば「おうち英語」に3つの効果があるとしています。

> **かけ流しの効果**
> ❶ 英語圏で使われている本物の言葉にふれられる
> ❷ 音源の制作者がたくみに入れ込む語彙やフレーズ、文法事項などを自然とインプットできる
> ❸ 英語独特のリズム感が得られる

英語音源のかけ流しを提唱する方の中には、**保護者と子どもが一緒に歌うことで親子のコミュニケーション向上に役立つ**という著者もいます。例えば、『「自宅だけ」でここまでできる！子ども英語」超自習法』（飛鳥新社）では、大人も一緒に楽しめる音楽鑑賞タイムとして英語の歌のCDを（長い日には）90分かけ流して、親子で一緒に楽しむことを提案しています。

また、英語のナーサリー・ライム（伝承わらべ歌）に多い拍（8分の6拍子や8分の12拍子）を用いたシンギング・ゲーム（London Bridge is Falling Downのように歌詞に合わせて動く子どもの遊び）では、3連符の弾むリズム感が、英語のリズム感の土台になるともいわれています（『わらべうたとナーサリー・ライム 増補版：日本語と英語の比較言語リズム考』／晩聲社）。

さらに、**かけ流しでリズム感を身につけられれば、英語の発音の上達につながる**という、ポジティブな意見もあります。第二言語語彙習得および英語教育が専門の中田達也先生は英語の音節構造に慣れる上で、英語の歌は有益と英語の歌で発音練習することの重要性を指摘しています。歌を聞くことで日本語独特の子音に母音を挿入するくせもなくなり、より良い発音が習得できるとしています(『最新の第二言語習得研究に基づく 究極の英語学習法』／KADOKAWA)。

ナーサリー・ライムのかけ流しは、5章で説明する、フォニックスの前段階の「音への気づき(フォノロジカル・アウェアネス)」の準備にもなります。保護者も一緒に楽しく歌って手遊びもできるので、子どもとのコミュニケーションにもつながり一石二鳥ですね。

かけ流しには弊害もある?!

英語音源のかけ流しについては、読み聞かせと同様に「英語のシャワーやかけ流しは無意味」と断言する専門家もいます。『「英語」であなたの子どもが変わる!』(研究社)では、一方的に英語が流れるだけの市販教材をかけ流ししても、大人が子どもに合わせてその都度調整する大人と子どものリアルなやり取りと同じ効果は得られないと指摘しています。

たしかに、「おうち英語」で長時間のかけ流しを行っていた保護者に聞き取り調査をしたところ、かけ流しの内容や時間にもよりますが**「集中力が続かない」「注意散漫になる」「音楽が常態化して親子の会話がはずまなくなりコミュニケーションがとれなくなる」**といった意見がありました。

かけ流しの時間は
上級者になると減少

　実際にどの程度の時間、英語音源のかけ流しをしているかについては、家庭によってさまざまです。私が行ったXでの聞き取り調査によると、24時間ずっとかけ流しをしている家庭もあれば、1日1時間と決めているケースもありました。また「子どもの英語」の100冊本の著者がすすめるかけ流し時間も、1日15分から2時間程度と幅がありました。

「かけ流し」を行っている方に聞くと、「おうち英語」をはじめたばかりの頃はかけ流しの時間が比較的長めですが、インプットが足りてくると、かける時間は短くなる傾向が見られます。読みができるようになって、アウトプット（発話）が安定してきたら、かけ流しでの英語インプットの時間は減らして、オンライン英会話などを利用した「会話」の機会を設けるという方もいます。

「かけ流し」によるインプットは、おうち英語の取り組みとして最初にトライし、その後はレベルを見ながら少しずつ**インプットからアウトプットへシフト**していくのがいいでしょう。

おすすめ 03 英語での語りかけ
(100冊本メソッドランキング4位)

- 命令口調の声かけは避け、状況描写から
- 状況描写の練習は「ひとり言」からスタート
- 語りかける英文作成には子ども向けの英英辞典を活用
- 英文作成にはChatGPT、YouGlish、Ludwigなども使える
- 英語が苦手な保護者の語りかけには賛否あるが、子どもと一緒に学べばいいのでは?!

何をどう話す？
命令形は避けよう

いま、「子どもに英語で語りかけるフレーズ集」がたくさん出版されています。「英語での語りかけ」も、おうち英語の取り組みとして人気があるのですが、「読み聞かせ」以上に保護者の英語力が問われる方法のひとつです。「フレーズ集」で事前に予習しても、目の前で起きていることに臨機応変に対応して、子どもに英語で話しかけるのはなかなか難しいかもしれません。

英語が流暢な保護者でも「英語での子どもへの語りかけとなると、ついつい先生のような命令口調になってしまう」と悩んでいるケースもありました。先日も書店の洋書コーナーで、小さな子どもにずっと「〜しなさい」と話しかけている保護者を見かけました。これでは会話が進みません。命令形から話を膨らませる必要があります。

おうち英語の「はじめの一歩」とは？　第3章

語りかけは状況描写から

　子どもたちへの話しかけを「命令形」ではじめたとしても、理由などを付け加えて会話を膨らませたり、**子どもの周りの状況を描写して話を展開させると、コミュニケーションがスムーズ**になります。では、この「状況を描写する」には具体的にどうすればいいのでしょうか。

　『最新の第二言語習得研究に基づく 究極の英語学習法』(KADOKAWA)では「スピーキングの流暢性を高めるためには、英語でひとり言を言う」のがよいとされています。具体的には、「目に入るものを片っ端から英語で描写する方法」が紹介されています。最初は日本語で構わないので、例えば、「目の前にコーヒーカップがある。メルボルンのスタバで買ったトラムが描かれているカップ」など、目についたものを言葉にしてみましょう。その上で、その「ひとり言」をChatGPTなどの生成AIやDeepLなどのAI翻訳を使ってもいいので、英語に訳してみましょう。

> There is a coffee cup on the table in front of me. I got the special tram-design Starbucks cup in Melbourne.

「ひとり言英語」に慣れたら、いよいよ子どもに語りかけてみましょう。教えたい語彙があれば、意識して入れ込んでみます。例えば、「子どもと散歩中に犬によく会うので、『犬がしっぽを振る』を表すwagを教えたい」という場合、準備する文章にwagを入れてみましょう。子どもの身の周りにいる動物と絵本によく出てくる単語を組み合わせると、子どもの語彙力アップにも役立ちます。

〈子どもへの語りかけ例〉

・散歩中に犬に会ったとき

Look at the big dog over there. He's wagging his tail happily.
(あそこの大きな犬を見て。うれしそうにシッポをふっているね)

・自然とふれあうとき

Oh, listen to the chirping birds. They're singing a beautiful song.
(ほら、鳥のさえずりを聴いて。きれいなお歌を歌っている)

Feel the soft grass under your feet. It's tickling your toes.
(足元の柔らかい芝生を感じて。つま先がくすぐったいね)

Let's look at the colorful flowers. They're dancing in the breeze.
(色とりどりのお花を見てみよう。そよ風に踊っているね)

・家の中でおやつづくりのとき

Can you smell the yummy cookies baking in the oven? They smell so good.
(おいしいクッキーがオーブンで焼ける香りがするね？すっごくいいにおい)

ひとり言の練習が苦手という方は、ChatGPTに「あなたは英語教育の専門家です」と役割分担を与えた上で、「子どもの年齢（例：2歳）」や「行く場所（例：公園）」を指定して、「状況説明の英語を教えて」と入力すれば、英語の文章を提案してくれます。

例えば、次のような英文が出力されるので、予習しておけますね。

おうち英語の「はじめの一歩」とは？　第3章

> **【ChatGPTの出力例】**
>
> We're going to the park to have some fun!
> There will be swings, slides, and lots of toys to play with.
> We can walk around, explore, and maybe even find some ducks or birds.
> You can hold my hand to stay safe, okay?
> If you want to play with something, just let me know, and I'll help you.
> Let's have lots of fun and enjoy our time together!
>
> （公園に遊びに行こう！ ブランコや滑り台、たくさんの遊具で遊べるよ。 歩き回ったり、探検したり、アヒルや鳥を見つけることもできるよ。 危ないから、わたしの手をしっかり握っていてね。 何かで遊びたいときは言ってね、お手伝いするよ。 たくさん遊んで楽しい時間をいっしょにすごそうね！）

語りかけに「子ども向け英英辞典」を活用

英語の語りかけをする際は、**ネイティブ・イングリッシュ・スピーカー用の「子ども向け英英辞典」を活用**しましょう。子ども用の辞書には、Picture Dictionaries（ピクチャーディクショナリー、英絵辞典）がありますが、絵と単語リストの場合がほとんどで、単語の説明や文章は載っていないので、子どもが理解しやすい語彙のチョイスで例文も載っている子ども用の英英辞典を使ってみましょう（英英辞典については130ページでも紹介）。

子ども向け英英辞典のおすすめは以下の通りです。

> **・Jolly Dictionary**
> 5歳〜8歳向け、6,000語
> オリジナル発音記号あり。音声なし。品詞(名詞や動詞)の基本的意味の記載あり。例文が示されている単語も。関連語は最低限。
>
> **・Scholastic Children's Dictionary**
> 8歳〜12歳向け、30,000語
> 1,000以上のイラスト。独自発音ガイドあり。音声なし。品詞(名詞や動詞)の複数の意味の記載あり。品詞ごとに文章の例文あり。関連語多め。

どちらがおすすめかは「子どもの英語力」にもよるのですが、「語りかけ」の最中に、子どもと一緒に辞書を引く可能性があるならば、"Jolly Dictionary"がコンパクトで見やすく扱いやすいでしょう。辞書を引くことを子どもが体験するのも「おうち英語」では良い経験だと思います。一方、まずは保護者が「語りかけ」のみに使用するというのであれば、"Scholastic Children's Dictionary"が例文も多めで使い勝手がよさそうです。

語りかけの英文作成に AIを活用

辞書を引いていると「探している単語の使い方が見つけられない」ということはよくあります。例えば、「ヨーヨーで遊ぶときにどう語りかけをしたらいいのか」と辞書を引いてもなかなか的確な文章を見つけることはできません。

Yo-Yoと引くと、go up and down like a yo-yo(価格などがヨーヨーのように上下する)やThe stock prices yo-yoed.(株価が変動)のような使い方はあっても、実際にヨーヨーを使って遊ぶときの表現は載っていないのが普通です。

第 3 章 おうち英語の「はじめの一歩」とは？

　そこで、ChatGPTに「ヨーヨー遊びのフレーズを教えて」と聞くと次のようにヨーヨー遊びで使えるフレーズやヨーヨーで遊んでいる子どもにどう声かけしたらいいかを教えてくれます。

> **【ChatGPTの出力例】**
>
> Q: Could you suggest some phrases I can use for playing yoyo with my children?
> (Q：子どもとヨーヨーで遊ぶときに使えるフレーズを教えてもらえる？)
>
> A: Certainly! Here are some phrases you can use when playing with a yo-yo or talking to a child who is playing with one:
> (A: もちろん！ヨーヨーで遊ぶ際、あるいは、ヨーヨーで遊んでいる子どもに話しかけるときに使えるフレーズをいくつか紹介しましょう)
>
> Starting to Play: (ヨーヨーで遊びはじめる)
> "Are you ready to give it a spin?" (ヨーヨーをくるくる回してみる？)
> "Let's see some yo-yo tricks! Ready?"
> (ヨーヨーのトリックを見てみよう！準備はいい？)
>
> "Show me your favorite yo-yo move!"
> (好きなヨーヨーの技を見せて！)

　また、YouTubeの映像から実際に使われているオーセンティックな表現を探すことができる「YouGlish」(ユーグリッシュ)も役立ちます。YouGlishは、もともとは発音を検索するのに使用されていますが、フレーズなども知ることができます。

　ほかにも、「Ludwig」という学習者用のドイツのウェブサイトでは、ネイティブ・イングリッシュ・スピーカーが、フレーズや語彙をどのように使うかを知ることができます。ターゲットの単語を検索窓に入力すると、権威のある新聞記事などしっかりしたメディアやレポートを参照して、その単語が実際にどう使われているかの例文が表示されます。

例文のデータベースは、New York TimesやBBC、The Guardianなどの大手メディアやしかるべき論文などに限定しているので、エビデンスとしても安心できるサイトです。

このように、ChatGPT、YouGlish、Ludwigなどを活用することで、辞書では見つけることのできない単語やフレーズなどを簡単に検索できます。ネイティブにも違和感のないような英文を作成できれば「語りかけ」にも幅が出るはずです。

- **YouGlish**　https://youglish.com
- **Ludwig**　https://ludwig.guru

ネイティブの発音で語りかけるには?

完成した英文を、ネイティブ・イングリッシュ・スピーカーの発音に近づけて「語りかけ」に使うには、AIを利用するのがおすすめです。最近は「NaturalReader」や「Vocalware」といった無料の読み上げサイトがあります。AI音声生成のプラットフォーム「ElevenLabs」も人気が高く、自然な音声生成のカスタマイズが可能で、無料ユーザーでも本格的な英語の発音やイントネーションを聞くことができます。

日本語での説明が安心であれば、音声読み上げソフト「音読さん」が便利でしょう。「音読さん」には、英語話者のチョイスがイギリス、アメリカ、オーストラリア、インドなど50名近くあり、子どもの声の用意もあります。読み上げた音声はダウンロードも簡単です。また、英文を入力しなくても、画像での読み上げもできます。

音源を聞きながらシャドーイング(1〜2語遅れて復唱する)をしてみたり、地道な練習を重ねれば、発音も上達するはずです。

- **NaturalReader** https://www.naturalreaders.com
- **Vocalware** https://www.vocalware.com
- **ElevenLabs** https://elevenlabs.io/
- **音読さん** https://ondoku3.com/ja

語りかけが子どもに通じない場合

　ここまでの準備で、保護者自身がどうにか英語での語りかけができるようになったとしても、肝心の子どもの反応が悪いこともあるでしょう。これが語りかけや68ページで紹介した「ダイアロジック・リーディング」をする上で一番困ることかもしれません。英語での語りかけの意味がわからなくてキョトンとしてしまう子どもへの対応に悩むという苦労話をよく聞きます。

　<u>「英語での語りかけが通じない」ときの対応</u>は、これまでの「絵本の読み聞かせ」や「かけ流し」と同様に、100冊本の中にもさまざまな意見や対処方法があります（以下参照）。

> ▶**日本語で補足する**
> ・中学生レベルの英語で語りかけ、わからない場合は日本語で補足はするが、直訳はしない。
> （『お金・学歴・海外経験 3ナイ主婦が息子を小6で英検1級に合格させた話』／朝日新聞出版）
> ・絵を見て理解させる、もしくは日本語は使わずに子どもの知っている別の表現で説明。それでもダメなら日本語で補足、あるいは辞書を子どもと一緒に引く。

(『わが子を「英語のできる子」にする方法』／大和出版)

▶**日本語を使わない**
・10歳くらいまでは英語を英語で学べるので日本語変換しないほうがいい。日本語訳が厳禁というわけではないが、複数の意味をもつ頻出の動詞などは、できるだけ日本語に変換しないで覚えてもらうほうがいい。

(『斉藤先生！小学生からの英語教育、親は一体何をすればよいですか？』／アルク)

　ほかにも、保護者がついしがちな「英語を言ったあとで一言一句日本語に訳す」方法は、大人世代が英語を中学校で習いはじめた時代の典型的な訳読方式に近く、小さい子どもに負荷をかけすぎるという指摘もあります(『完全改訂版 バイリンガル教育の方法：12歳までに親と教師ができること』／アルク)。

　子どもが「保護者から語りかけられた英語がわからない」場合の対応は、もちろん子どもの性格や各家庭の取り組み方によって異なるでしょう。しかし一般的には、保護者自身がネイティブ・イングリッシュ・スピーカーと話して、英語が伝わらなかった場合と同じように対応すればいいと思います。もし相手に英語が伝わっていないと思ったら、大人はジェスチャーを使ったり、参考資料を示したり、別の単語で言いかえるなど、多角的なアプローチで再度説明するはずです。

　同じように、英語で話した内容が子どもにどうしても伝わらなければ、英語に固執せず、ジェスチャーで補完したり、日本語も使って補足説明を付け加えるといった対応をするほうが、子どもを追い詰めることなく語りかけを続けていけるという点で現実的ではないでしょうか。

おうち英語の「はじめの一歩」とは？　第3章

英語力に不安があっても語りかけは継続がポイント

　英語が苦手な保護者の語りかけについては、音の習得を重視した慎重論、子どもとのコミュニケーションの一環と考える推進派、10歳までは英語で押し通す対応がベストである、などさまざまな意見があります。

　英語の語りかけには慎重であるべきという意見に従うのか、あるいは子どもとのコミュニケーションの一環として推し進めるかは、それぞれの家庭の方針があるでしょう。私自身は、**英語の語りかけは最初のうちはうまくいかなくとも、継続がポイント**だと考えています。わからないなりに何度も繰り返すと、そのうち「なるほど、この場面ではいつもこのフレーズか」と子どもも理解できるようになるでしょう。ただし、保護者も子どもも英語嫌いにならないように、無理のない範囲で取り組むことが大切です。

　保護者が英語力に不安を感じていても、「『おうち英語』で子どもと一緒に学んだり、英語で声かけをしていたら、親もスキルアップした」というケースもあります。**臆せずに英語での声かけにチャレンジして、保護者が学ぶ姿勢を見せるとよい**のではないでしょうか。

おすすめ 04 身体を使った遊び（TPR：全身反応教授法）
（100冊本メソッドランキング8位）

POINT

- 英語で指示を出して体を動かす
- 楽しみながら英語の指示を理解すると定着につながる
- 子どもが好み、保護者も手軽にできる
- 身体を動かせば単語やフレーズ、韻が定着しやすい

身体を使えば英語のリズムも身につく

「身体を使った遊び」は、「子どもの英語」の100冊本の著者15名が、自然と英語を使う機会が増えて、英語独特の韻やリズムも身につくとすすめています。

本書では、「身体を使った遊び」の中に、先生の「命令形」の指示を聞いて理解して動作で示す全身反応教授法（Total Physical Response Approach：TPR）も「子どもが好む身体を使う活動」の観点からくわえています。英語塾J PREPの斉藤淳先生は全身反応教授法（TPR）を「英語で指示されたことに対して子どもが動作で反応することを繰り返すシンプルな学習法」として、キッズ向けクラスで取り入れているそうです（『ほんとうに頭がよくなる 世界最高の子ども英語：わが子の語学力のために親ができること全て！』／ダイヤモンド社）。

身体を使って動きながら英語を学習する方法は、自宅での「おうち英語」に取り入れやすいアクティビティのひとつでしょう。

第3章 おうち英語の「はじめの一歩」とは？

指示を聞いて動作で示す
全身反応教授法はシンプル

　全身反応教授法では、指導者が動詞の命令形を使って"Clap your hands."などの指示を出して子どもたちにその動作をまねさせます。慣れてきたら、指示を単純で短いものから、複雑で複数の行動や動作をともなう内容に変化させていきます。聞き手の子どもの短期記憶も考慮されたアクティビティで、次々と命令形の指示を聞きながら楽しく動くことで、意味の理解も進み、記憶にも残りやすいといわれています。

　一方で、この全身反応教授法には限界もあり、聞く活動がメインのため読み書きにはつながらないこと、また抽象的な概念への発展は見込めないことが指摘されています。そうであっても、「おうち英語」で基礎的な語彙やフレーズを定着させるには良い方法でしょう。

子どもも親もすぐできる
音楽に合わせた遊び

　身体を使った遊びの中でも、英語の歌詞に合わせて身体や手を動かすものは、どんな保護者でも取り組みやすい「おうち英語」の方法です。75ページの「かけ流し」でもふれたように、シンギング・ゲーム(London Bridge is Falling Downのように歌詞に合わせて動く子どもの遊び)や、アクションのある英語の歌(Open Shut Them：むすんでひらいて)などは、簡単なフリで子どもでもすぐにできます。

このようなナーサリー・ライムの歌詞には韻が多いので、5章でふれるフォニックスを「おうち英語」に導入する前の「音への気づき（フォノロジカル・アウェアネス）」の素地づくりに最適という専門家もいます（『アメリカの小学校ではこうやって英語を教えている―英語が話せない子どものための英語習得プログラム ライミング編』／径書房）。

　わが家でも孫と遊ぶとき、身体を使う歌を取り入れるように心がけていて、30年前、米国のナーサリーで娘が覚えてきた歌をいまも繰り返し歌っています。英米の子どもに人気のジェスチャーつきの歌のタイトル例を下記に挙げました。YouTubeなどで曲も歌詞も検索できます。<u>**韻を踏む箇所では大げさに歌ったり拍手をするなど、「英語の音への気づき」を促す**</u>よう心がけるといいでしょう。例えば "Row, Row, Row Your Boat" では、子どもとギッコンバッタン、ボートを漕ぐ様子をまねながら、韻では大きく声を張り上げてみましょう。

身体を使いながら歌える定番の子ども向けの歌
- The Hokey Pokey
- If You're Happy and You Know It
- Head, Shoulders, Knees, and Toes
- Row, Row, Row Your Boat
- Five Little Monkeys Jumping on the Bed
- The Itsy Bitsy Spider/The Incy Wincy Spider
- Ring Around the Rosie/Ring-a-Ring o' Roses
- Here We Go Round the Mulberry Bush
- Down by the Bay

おうち英語の「はじめの一歩」とは？　第3章

　小さい子どもに語彙を定着させるには、単に単語をリピートさせるだけでは語彙の定着は難しいものです。
「おうち英語」でもよく使われている"Oxford Reading Tree"(ORT)を発行しているオックスフォード大学出版局(Oxford University Press)の英語教員向け研修を受けた際に、身体全体を使って、強弱や抑揚、声のトーンなど、「プロソディー」といわれる英語の声調を子どもに体感させることが大事だと学びました。英語の歌や映像を見ながらのダンスや、動物のまねをしてジャンプやハイハイをすることで、韻の認識だけではなく、使われる語彙の定着がより進むとされています。

　身体を動かすことは英語の学習とは関係ないと思いがちですが、子どもにとっては楽しい取り組みであり、効果も期待できるので、ぜひ「おうち英語」に取り入れてみてはいかがでしょう。

「おうち英語」お子さん実例 1

● エマちゃんの場合

- 海外在住経験なし
- 小学4年生（春）に英検2級合格
- 小学4年生の夏からは中学受験にシフト、英語はオンライン英会話のみ
- 現在／中学受験を経て難関女子中学校に通う

◆自然に文法事項を学ぶ工夫

エマちゃんは、幼稚園時代から小学4年生までママがプランニングした方法で英語力をしっかり伸ばして、小4の春に英検2級に合格しました。

ママは**生後すぐから英語絵本の読み聞かせ**を行い、**幼稚園と小学校低学年でフォニックス**を教えました。その後はママが英会話スクールや英会話オンラインの先生と相談して、**会話の中にターゲットにする文法事項を入れ込んで「自然な感じで文法事項を学習」**するアプローチで文法学習をしていました。

英会話やオンライン英会話を受けるときには、「今回はこの文法事項をレッスンに取り入れてさり気なく使ってほしい」とママがネイティブ・イングリッシュ・スピーカーの英語の習得順序を意識した要望をたまに講師に出していたそうです。

中学受験の勉強が本格化する小学校高学年になると「息抜きとして週に1回オンライン英会話を受ける」程度に英語学習は減ってしまったのですが、中学校ではこれまでの基礎が役立って、英語力がめきめきとアップしているそうです。

第4章

「アクティブ・タイプ」の おすすめおうち英語

家庭外でのアクティビティで
インプット増！

　アクティブ・タイプ（Active-Type Parents）の保護者の方は、子どもと一緒に英語を使った家庭外でのアクティビティに積極的に参加することが苦にならないタイプの方でしょう。

　こうした英語イベントを通じて、新たな英単語のインプットの機会が増え、アウトプットのきっかけになればよいとお考えです。さらに、英語を使う状況で、相手から期待されている振る舞いや心持ちなど、グローバルに通用する「社会的なスキル」を学ぶことも、子どもにとっては貴重な経験になるととらえています。

　本書での「おうち英語」とは、「自宅で取り組む早期英語教育」だけではなく、子どもの英語力を育むために、パパやママや祖父母など周囲の方がサポートに関わる「すべてのアクティビティ」を指していますので、こうした親子で参加する家庭外のアクティビティも「おうち英語」の一環と位置づけています。

　自宅外にも目を向けるアクティブ・タイプの保護者の方におすすめなのが、**「プレイデイト（PD：英語で遊ぶ仲間づくり）」「プレゼンテーション」「異文化理解・英語イベント」「国内外短期・長期研修、サマースクール」**です。

第4章 「アクティブ・タイプ」のおすすめおうち英語

> **おすすめ 01** プレイデイト（PD：英語で遊ぶ仲間づくり）
> （100冊本メソッドランキング21位）

POINT

- 仲間づくりができ、多様な英語にふれられる
- 自分で主催するのもあり
- 内容は多角的なアプローチを意識する
- 運営時はしっかりルールをつくること

仲間の力で英語力もアップ

「プレイデイト（Play Date：PD）」とは、主としてアメリカの習慣で、**親同士が時間と場所を決めて子どもたちを遊ばせること**です。海外では、安全面から小学生以下の外出は保護者が付き添うことが法律で定められていることが多いため、このような習慣があります。事前にある程度のアクティビティを計画しておくことが多く、お互いの家や地域の遊び場などを利用して、ボードゲームをしたり、お菓子づくりをしたりします。

最近は日本でも、子どもの英語力を伸ばすために「プレイデイト（PD）」を行う保護者が増えてきています。基本的には、「おうち英語」で子どもの英語力を伸ばす取り組みをしている複数の親子でグループをつくり、子どもたちが英語を使いながらいろいろなアクティビティをして遊ぶ会です。活動内容はさまざまですが、ハロウィーンやイースターなど季節ごとのイベントを企画したり、海外の子どもに人気の工作をするといった異文化体験をメインに活動するグループが多いよ

うです。

プレイデイト（以下、PD）に参加する効果は主に3つあります。

> **プレイデイトの効果**
>
> ❶ **仲間づくりができる**
> 英語を話している子どもに会う機会が少ないので、「同志」を見つけることができる
> ❷ **多様な英語にふれられる**
> 保護者やネイティブ・イングリッシュ・スピーカーのインストラクターなど英語を話す大人からの働きかけでインプット、アウトプットの機会が増える
> ❸ **ソーシャル・コミュニケーション・スキルの上達**
> 「他人と関わることで社会性を養う」ことができるので、場面や相手、状況にふさわしい英語でのコミュニケーション能力がアップする

参加する場がなければつくる?!

「おうち英語」に熱心な保護者の方々は、自主的に集まってグループをつくり、さまざまな取り組みをPDとして行っています。PDでは単に集まって子どもを自由に遊ばせるのではなく、季節やキャラクターなど毎回「テーマ」を決めてから集まるのが一般的です。**テーマやトピックが定まっていたほうが、英語の多様なインプット・アウトプットにつながります。**

例えば、私が見学させてもらったPDでは、主催の方が、子どもた

「アクティブ・タイプ」のおすすめおうち英語　第4章

ちの好きなキャラクター(オーストラリアのアニメ『ブルーイ(Bluey)』)をテーマにしていました。キャラクターの映像を流しながら、子どもたちはぬり絵や工作などのアクティビティを楽しみ、英語で会話をしていました。

このようなことができるPDの集まりが「近所にはない」「参加したくても知り合いがいない」という場合には、自分でPDを立ち上げる保護者もいます。

PDのテーマ設定のヒント

91ページでもふれたオックスフォード大学出版局(Oxford University Press)の英語教員向けの研修では、「ひとつのテーマに多角的にアプローチすることで子どもの語彙力や理解力が育める」点を強調していました。この考え方はPDでも応用できます。

PDのテーマは季節のイベントが定番ですが、絵本を使ったアクティビティは時期を選ばずに手軽に行えて、アレンジにより多角的なアプローチがしやすいのでおすすめです。

例えば、Eric Carleの絵本 "From Head to Toe" を使ったPDを考えてみましょう。この絵本は、小さい子どもが最初に覚える助動詞canに焦点を当てていて、文法事項もさり気なく(暗示的に)導入しています。登場する12匹の動物が "Can you do it?" と動きをまねできるかを子どもに問いかけて、子どもたちが意気揚々と "I can do it!" と答えて、動物の動きをしていくという内容です。

この絵本 "From Head to Toe" を使ったPDを開催する場合、以下のような目的に沿ったアクティビティが考えられます。

- **動物の生態を理解**：12種類の動物の形態模写をしてみる
- **運動能力を向上**：ドンキー（ロバ）ぴょんぴょんレース（部屋の端まで絵本のドンキーをまねしてぴょんぴょん跳び、速かったチームが勝利）をしてみる
- **動物の生息地を把握**：絵本内に登場した12の動物の絵を小さくコピーしておき、模造紙に森や砂漠の絵を描いておく。それぞれの動物の生息地を探して、動物の絵のコピーを模造紙に貼る
- **動物の食性を学習**：12の動物の餌になりそうなものの絵を描いておき、動物が食べるものを選ばせる
- **形の認識**：12の動物やそのシルエットを用いてビンゴカード遊びをする

PDのトピックを決めたら、このように学習したり、歌ったり、踊ったり、工作をするような**「多角的アプローチ」を意識したアクティビティを企画すると、子どもは楽しく英語を学ぶことができます。**

第4章 「アクティブ・タイプ」のおすすめおうち英語

―Tips―

PD主催の5つのコツ

　PDは、英語を使う「場」をつくることが目的で、子どもたちが多く集まればそれだけアウトプットやインプットの機会が増えます。しかし、参加者が増えると英語レベルの差が顕著になってしまうこともあるようです。また、企画立案をする保護者が固定化され、運営側の時間的・金銭的負担が増えるという問題も起きがちです。

　日本で一番大きなPDグループを主催する「ちむ子先生」は、現役の高校の英語の先生です。ちむ子先生にお話をうかがったところ、PDをスムーズに運営するコツは「最初にしっかりしたルールやしくみをつくること」だそうです。運営ルールに入れるべきポイントは以下の5点です。

【もしあなたがPDを主催するなら―】
・PDがめざすゴールを明確化する（例：英語学習に主眼を置く、参加者は英語学習目的以外でもOKなど）
・企画立案者やボランティアのルールを決める（例：年に1回は全員が立案やサポート係をする、ボランティアベースで行うなど）
・参加者の確認（例：子どもが関わる活動なので安全面への配慮から身分証のチェックの有無など）
・会員更新を定期的に行う（例：1年間非参加の場合は自動退会、1年に1回更新、更新にあたっては主催者の対面チェックが必要など）
・欠席の場合の扱いや連絡方法を決める（例：欠席の場合の費用負担など）

　また、対面でのPD運営が難しければ、Zoomを活用した「朝活の会」、幼稚園後（16時台）や保育園後（17時台、18時台）の「英語のインプットを増やす会」、また夜のZoom会などさまざまな時間帯でのオンラインPDもおすすめだそうです。

おすすめ 02 プレゼンテーション
（100冊本メソッドランキング21位）

POINT
- 習得した語彙やフレーズを実際に使うので定着する
- 未就学児・小学校低学年と小学校中学年で、プレゼンテーマややり方を変える
- 人前で話すこと、人の話を聞くことに慣れる効果も

アウトプットを増やす プレゼンテーション

　プレゼンテーションは大人向けの英語学習のイメージかもしれませんが、実は「おうち英語」でも人気の取り組みのひとつです。前出のプレイデイト（PD）でも、友達の前で英語でのプレゼンをするというのは定番のアクティビティです。

　プレゼンテーション（以下、プレゼン）は**英語のアウトプットが自然と増えるきっかけになるだけではなく、人前で話す練習**にもなります。しっかり話すことができれば子どもの自信にもなり、さらには場に応じた振る舞い方が身につく可能性もあります。

　プレゼンは子ども自身に「英語で発信したくなる」ことがあるとスムーズにできるようになります。プレゼンは、子どもが自分の好きなことや興味のあることを通じて、「英語で伝えたい」という意欲を引き出すチャンスです。例えば、英語の図鑑を読んだり映像を見たりして得た知識をもとに、英語で考え、自分の言葉で表現することで、自信

第4章 「アクティブ・タイプ」のおすすめおうち英語

を持って発信する力が自然と身についていきます。

プレゼンでは、これまで習得した語彙やフレーズ、英語スキルなどをフル活用するため、学習した内容が定着するきっかけにもなります。また、低学年から高学年まで、それぞれの英語力に合わせたトピックを選択すれば、学習効果も上がりやすくなります。

子どもにプレゼンをさせる際は、未就学児や小学校低学年と小学校中学年で、やり方を変えていくことがポイントです。

未就学児・低学年のプレゼンは Show & Tellが基本

未就学児や小学校低学年までのプレゼンでは、**実物を提示して説明するShow and Tellが簡単でおすすめ**です。はじめてプレゼンをするときは、例えばスピーカーが色画用紙や色紙などの束を参加者に見せながら、"What's your favorite color?"と聞くことでトピックを提示します。説明は色の名前とごく簡単な理由が言える程度で十分です。実際、私の子どもも、米国のナーサリーに1年通っていたときのプレゼンの時間で、紅葉した木の葉を拾いに行って、クラスのお友達に色の説明をしていました。

未就学児や小学校低学年の子どもがShow and Tellスタイルのプレゼンを行う場合のポイントは、子ども自身が選んだ「物」をトピックにすることです。

また、プレイデイト (PD) のアクティビティの一環で、未就学児や小学校低学年の子どもがもう少し本格的なShow and Tellのプレゼンをする場合には、以下のようなお題が取り組みやすいでしょう。

[子ども向けのプレゼンのお題例]
- My Favorite Toy（お気に入りの玩具）
- My Favorite Animal（好きな動物）
- My Favorite Book（好きな本）
- My Favorite Food（好きな飲み物食べ物）
- A Trip I Took（写真や土産を見せながら旅行の話）
- A Plant I Grew（写真を見せながら育てている植物の話）
- My Favorite Sport（好きなスポーツやその道具の写真を見せながら）
- A Day in My Life（1日のスケジュールと好きなアクティビティの紹介）

小学校中学年以上のプレゼン お題と準備の5つのステップ

　小学校中学年からのプレゼンでは、**身近な話題や改善案など、少し込み入った内容**にトライしたいところです。日本語でしっかり理解している内容であれば、英語でもプレゼンはできるはずです。

　例えば"My Room"をテーマにすると、自室のこだわりを紹介したり、理想の部屋を語ったり、世界各国の子ども部屋との比較をしてみるといったプレゼンができます。子どもの英語能力に合わせて、テーマや内容はその都度、調整しましょう。子どもの興味に合わせてトピックの幅を広げて提示すると、選びやすくなります。

　次のようなトピックは、中学年以上の子どもでもプレゼンしやすいはずです。

「アクティブ・タイプ」のおすすめおうち英語　第4章

> [プレゼンのトピック例]
> ・Space Exploration（惑星the planetや太陽系the solar systemなど）
> ・Endangered Animals（絶滅危惧種の紹介と保護方法）
> ・Famous Inventors（有名な発明家）
> ・Essential Workers（消防士、警察官など地域のエッセンシャル・ワーカー）
> ・Weather（天気や天気予報士の仕事）
> ・Healthy Eating（バランスの良い食事）
> ・Natural Habitats Around the World（動植物の生息地）
> ・Famous Landmarks（有名建造物）
> ・Dinosaurs（恐竜）
> ・Human Body Systems（消化器官など基本的な人体のシステム）
> ・Ocean Life（海の生き物）
> ・Recycling（リサイクル）

　プレゼンのお題が決まったら、次は準備にうつります。小学校中学年以上がプレゼンの準備をする際は、以下の5つのステップを意識してみましょう。私の子どもが通っていた英語教室で、プレゼンの宿題が出たときにも、このステップを意識して準備していました。

▶Step 1　話し方を考える

　子ども自身が選んだトピックをプレゼンでどう話すのか「話し方」を決めます。「お友達に伝えたい」のか、「お友達に何か行動をしてほしい」のか、どちらを話したいかを考えます。例えば、「象の数が減っ

ている事実を伝えたい」場合は前者で、「ペットボトルをリサイクルしよう」という呼びかけであれば後者になります。

▶ Step 2　概要を考える

　プレゼンの流れを考えます。プレゼンには、「はじまり (introduction：イントロダクション)」「言いたいこと (body：ボディ)」「おしまい (conclusion：コンクルージョン)」の3つの部分が必要です。真ん中の「言いたいこと」は最初は1つで十分です。

▶ Step 3　「はじまり」を考える

「はじまり (introduction：イントロダクション)」では選んだテーマを話します。「〇〇について知っていますか？」という呼びかけは相手の興味を引く良い方法です。例えば、"Did you know where animals live?"（動物がどこに住んでいるか知っていますか？）のような質問ではじめてみましょう。

▶ Step 4　「言いたいこと」を考える

「言いたいこと (body：ボディ)」には伝えたい内容を入れます。集めた情報や子どもが実際にしていることなども話せると具体性が出ていいですね。うまく話せなくても、写真、絵、地図などの小道具を見せることで乗り切れるでしょう。

▶ Step 5　「おしまい」を考える

　最後の「おしまい (conclusion：コンクルージョン)」は、難しく考えずに、慣れないうちは"Thank you for listening." "Thank you for listening. I hope you enjoyed it."くらい言えれば十分です。慣れて

きたら話した内容をまとめて盛り込んでみましょう。

子どもがプレゼンをするときの心構えと聞き方

人前で話すプレゼンは子どもでも緊張するものです。本番の前には、**「練習したので大丈夫／間違っても気にしない／しっかり立ちましょう／聴いているお友達を見ましょう／お友達に伝わるようゆっくり大きな声でお話ししましょう」**と、伝えてあげるようにします。そしてプレゼンが終わったら、保護者や周りの大人がほめてあげましょう。

子どもがプレゼンの聴き手になることもまた良い経験です。**「お話をしているお友達を見ます／お友達が話している間はおしゃべりしません／お話が終わったら拍手をしましょう」**、といったことを事前に伝えましょう。

プレゼンは英語のインプット・アウトプット力を伸ばすだけでなく、子どもたちに人前で発表をして話を聞くという貴重な経験をさせることができる取り組みです。**プレゼンの経験が、「場」にふさわしい話し方や振る舞いを身につける良いきっかけ**になるはずです。

おすすめ 03 異文化理解・英語イベント
（100冊本メソッドランキング17位）

POINT
- 英語関連のイベントに参加すると視野が広がる、「おうち英語」への動機づけにもなる
- 手軽な疑似海外体験ができる
- インターナショナルスクールや教材会社のイベントがおすすめ

イベントへの参加で視野が広がる

　異文化理解を深め国際的な視野を育むことが「おうち英語」に取り組む動機づけになると考える保護者は多く、いろいろなイベントに積極的に参加する方もいます。「おうち英語」のゴールのひとつが「世界へ目を向けること」であれば、地域のイベントや大学の学園祭などに参加して留学生と交流したり、部外者でも参加可能なインターナショナルスクールのお祭りに参加することで、手軽な「疑似海外体験」ができることでしょう。

　また、教材会社が提供するイベントなども外国文化の理解につながるので人気があります。6章でふれる英語教材DWE（Disney World of English：ディズニー英語システム）の正規会員に向けたイベント（限定ショー）は、「おうち英語」に熱心な保護者から支持されているイベントのひとつです。

ショーでは、教材の語彙やフレーズ、文法事項がたくみにアレンジされていて、英語力アップが実感できるとのことでした。また、ショーでお気に入りの先生ができれば、次の参加時に「手紙を書いて渡したい」という目標ができて、ライティングにも熱心に取り組むようになる子どもがいるそうです。

　このようにイベントをおうち英語のモチベーションのアップに効果的に利用できると、総合的な英語力アップにもつながっていくでしょう。

国内外短期・長期研修、サマースクール
（100冊本メソッドランキング10位）

POINT
- 親子で参加できる海外研修やサマースクール（キャンプ）は増加中
- 本物の英語にふれる絶好の機会
- サマースクールはアメリカやハワイなどのほか、アジア圏のインターナショナルスクールなどにもあり

「おうち英語」の高級路線

　海外への研修は「おうちでできる英語」ではありませんが、本書での「おうち英語」とは、子どもの英語力を育むために、パパやママや祖父母など周囲の方がサポートする「すべてのアクティビティ」を指していますので、ご紹介したいと思います。

　親子で参加する短期・長期の海外研修やサマースクール（サマーキャンプ）は「オーセンティックな（本物の）」英語にふれるチャンスと考えられています。**短期の親子留学ではフィリピン、オーストラリア、ニュージーランド、アメリカ本土、ハワイ、カナダ、イギリスなどが人気の留学先**のようです。わが家がオーストラリアに駐在していたときも、母子で短期留学中の日本人親子を公共図書館や遊び場でよく見かけました。日本の夏休み期間、オーストラリアは冬ですが、季節のイベントも多くあり、親子で楽しんでいる様子でした。

第4章 「アクティブ・タイプ」のおすすめおうち英語

アジアでのサマースクールに送り込む家庭も

　最近では、日本から離れた欧米ではなく、近隣アジアのインターナショナル校のサマーキャンプに子どもだけを送り込む家庭も増えているようです。ちなみにマレーシアにある英国系の有名インターナショナルスクールでは、毎年350名あまりの子どもたちがサマーキャンプに来ていて、そのほとんどが日本、韓国、中国からの参加者だそうです。

　オンラインでのサマースクール（キャンプ）の説明会の開催も増えています。煩雑な手続きや送迎などを代行してくれる業者もあるなど、海外のサマースクールの斡旋が教育ビジネスのひとつになってきている印象です。私がオンライン参加したサマースクールの説明会では、現地での宿泊が2種類用意されていて、子どもだけが現地のスクールに参加するパターンと、親子で現地に滞在してホテルなどから通うパターンが紹介されていました。

　アメリカやイギリスで子育て中の人に話を聞くと、6月からはじまる夏休みのキャンプやサマースクールの予約は3月には開始され、人気のところはすぐ埋まってしまうそうです。スポーツや音楽のスキルアップをめざすコースでは、評判が高いと前年度の参加者の予約で枠が埋まり、残りの少ない枠が争奪戦になることもあるそうです。

　ただし日本の学校に通っていると、6月からはじまる海外のサマースクールに参加するのは現実的には難しくなります。その場合、日本の学校の夏休みの時期に合わせたサマースクールを探してみましょ

う。海外に拠点がある日本の教育機関の系列校などがサマースクールを行っていることもあります。ただし、日本人向けのサポートが手厚いぶん、費用も高めになります。

また、日本人やアジア人の児童・生徒がたくさん参加することに抵抗がなければ、ネットで「サマースクール」「サマーキャンプ」などと検索すると、旅行代理店や教育系企業が企画しているものなど、さまざまなプログラムがヒットするでしょう。

一方、現地の子ども向けのサマースクールを考えているのであれば、"地名 Summer School" "学年 Summer Camp"で検索します。あるいは、得意なスポーツなどがあれば、その名前で検索してみてもいいでしょう。例えば、ナイキなどスポーツ系の企業が、世界中から子どもたちを集めて開催するスポーツキャンプなどもあります。

私が7月下旬に羽田から乗った英国行きの飛行機の席の周りには、複数の子どもが単身で乗っていました。空港ではアシスタントやスクールの送迎係が、さまざまな国籍の子どもたちをピックアップしている様子を見かけました。海外のサマースクールに参加する日本の子どもが増えていることを実感しました。

100冊本にも、ハワイやグアムのプリスクールやサマースクールに参加している著者がいて、詳しい様子や攻略法などが紹介されています(『小学校は公立小!帰国子女じゃないけど 双子小学生 英検1級とれちゃいました』／日本能率協会マネジメントセンター)。

Column

韓国の早期英語留学

　32ページで紹介した韓国は「早期英語先進国」と呼ばれていて、小さな子どもの英語留学も盛んでした。わが家が海外駐在していた際も、現地のインターナショナルスクールに韓国からの母子留学の方がたくさん入学してきました。

　そのうちのひとり、元々CAをしていたという英語が堪能な同級生ママからよく家に招待されたのですが、「放課後は、毎日英語チューターに来てもらい、宿題を見てもらっている」「わが家がお願いしているチューターは米国大使館の紹介。高いが、本場の発音は譲れない」「子どもはチューターとの英会話や多読もしていてスケジュールはびっしり。自分も子どもの勉強チェックで忙しい」などと、お子さんの英語学習に細やかに気を配っていました。

　こちらの家族は母子留学が成功した例ですが、韓国では長期にわたる早期英語留学が教育費の増大を招き、家族がバラバラになることで起きるさまざまな事象が大きな社会問題となっていました。そのため、一時は大ブームだった韓国の早期英語留学も、2011年あたりから減少しています。この2011年は、早期英語留学の第一世代が韓国内で大学受験をした年で、意外にも受験結果が芳しくなかったこと、さらに留学後の就職難で「留学の費用対効果に失望」した保護者が多かったからといわれています。

　韓国の子どもの英語留学の実情は、日本の「おうち英語」に取り組む保護者が子どもとの短期・長期留学を考える際の参考になる点がありそうです。　　　　　　　　（＊参考資料9〜13／214ページ）

第5章

「パーフェクト・タイプ」の おすすめおうち英語

フォローが必要な取り組みも
根気よくサポート

　パーフェクト・タイプ（Perfect-Type Parents）の保護者の方は、「おうち英語」の教材や方法も納得いくまで調べた上で、子どもとの相性もしっかり見極めることができるでしょう。また、一度やると決めたら責任を持って最後までやり遂げる気力の持ち主で、フォローが大変なフォニックスなども根気よくサポートできそうです。

　そのようなタイプの保護者の方におすすめの方法は、「おうち英語」で人気はあってもフォローがなかなか難しい**「フォニックス」と「フォノロジカル・アウェアネス」「英絵辞典、英英辞典」「英単語絵カード」「日記（一行日記、初歩のライティング）」「暗唱」**です。

おすすめ 01

フォニックス
（100冊本メソッドランキング3位）
フォノロジカル・アウェアネス（同14位）

POINT

- 人気のフォニックスだが、低年齢であせってはじめる必要なし
- 発音改善ツールではない
- フォニックス導入前の準備（フォノロジカル・アウェアネス）が大事になる
- ある程度の単語が理解できてからはじめるほうがベター

第5章 「パーフェクト・タイプ」のおすすめおうち英語

人気のフォニックス

　フォニックスはいまとても人気です。最近の子ども向けの英語教育サービスには、「フォニックス」が必ずといっていいほど含まれています。いまは「おうち英語」をするならまずはフォニックスと思っている方も多いようです。

　そもそもフォニックスとは、英語音声学の竹林滋先生によると**「英米の小学校などで行われている綴り字の読み方の指導」**のことです（『新装版・英語のフォニックス：綴り字と発音のルール』／研究社）。**英語の「基本的な綴り字のルール」を学ぶことで、ネイティブ・イングリッシュ・スピーカーの子どもたちは、初歩の綴り字の場合は「発音記号などは使わずに読める」**ようになります。

　英語圏の小学校では、フォニックスの授業に絵やスライドを使ったり、やさしい物語を聞かせたりすることで、すでに英語が話せて、語彙もある程度習得している子どもたちに、読み方や綴り方を定着させていきます。

　フォニックスの導入をすすめる100冊本の著者は21名で、1位の「英語絵本の読み聞かせ」と「英語音源のかけ流し」に次いで、子どもの英語を伸ばす方法として人気の取り組みです。英語塾J PREPの斉藤淳先生も、英語をはじめて勉強する場合は「まずはフォニックスをマスター」と推していて、フォニックスソングを繰り返すことがフォニックスの学習に役立つとすすめています（『斉藤先生！小学生からの英語教育、親は一体何をすればよいですか？』／アルク）。フォニックスソングがカバーできるのはごく基本的な音と文字のつながりではありますが、子どもがはじめる一歩としては取り組みやすいでしょう。

フォニックスは
発音改善ツールという誤解

　このように人気のフォニックスですが、単に英語の発音を良くするツールであるという、間違えたイメージでとらえているケースが見受けられます。そのため、おうち英語をはじめてすぐに「何がなんでもフォニックスに取り組むべき」「フォニックスをしないから発音が上手にならない」と誤った認識が広まっている印象です。

　本来、フォニックスは、日常生活ですでに語彙をかなり習得しているネイティブ・イングリッシュ・スピーカーの子どもが、その知識を用いながら「読みと綴り」を身につけるツールです。単に英語の42ないし44の音素を効率的に学んで発音のスキルアップをめざす方法ではないのですが、誤解も多いようです。ちなみに、音素とは1つの言語において意味を区別する働きをする音声の最小単位のことです。

フォニックスのイメージ

× 間違ったイメージ

- フォニックスさえ習えばすぐ英語は上手に発音できる
- フォニックスは一度習えばすぐ使える
- 1週間に1回習えばすぐに読めるようになる
- 何がなんでも英語でフォニックスを習ったほうがいい

○ 実際のフォニックス

- フォニックスは読みと綴り（スペリング）のためのツール
- フォニックスは例外が多い（サイト・ワーズ）
- 母語話者の子どもは毎日2時間程度学習。毎日前日の復習も行ってはじめて定着する
- 規則性の理解は日本語で学んだほうが早いことも

第5章 「パーフェクト・タイプ」のおすすめおうち英語

さらに、日本の小学校英語ではフォニックスを扱わないというネット上の噂も、小学校入学前の「おうち英語」でのフォニックス熱に拍車をかけています。小学校の学習指導要領（外国語活動・外国語編）の英語の目標に「フォニックス」とは明記されていませんが、複数の音を持つ文字の規則を紹介するなど、フォニックス的なアプローチがいくつも掲載されており、フォニックスが導入されていることがうかがい知れます。また最近は、地域によっては「フォニックス」としっかり明示して授業に導入している小学校もあるようです（＊参考資料18／215ページ）。小学校でどの程度フォニックスにふれているか、学校での英語学習内容を保護者が理解することがまずは必要かもしれません。

いきなりフォニックスではなく「事前準備」が大事

「おうち英語」でフォニックスに取り組む際には、「準備段階」が必要になります。フォニックスを学ぶ前に、事前に**子どもの耳を鍛えて、英語の話し言葉の大事な要素に着目できるスキルを身につける「音への気づき」**（Phonological Awareness：フォノロジカル・アウェアネス）を育むことが、フォニックスの「土台づくり」となります。
「音への気づき（フォノロジカル・アウェアネス）」にはさまざまな手法・プロセスがありますが、一般的に、日本のフォニックスの学習ではこのフォノロジカル・アウェアネスの段階をスキップして、42ないし44の音素の習得から取りかかるケースが多いのが現状です。**「おうち英語」ではこの「音への気づき」からはじめましょう。**

日本語でこのフォニックス前のプロセスを説明した本はほとんどないのですが、アメリカの小学校での経験豊富なエキスパートによる著

書『アメリカの小学校ではこうやって英語を教えている―英語が話せない子どものための英語習得プログラム ライミング編』(径書房)は「フォノロジカル・アウェアネス」をわかりやすく解説していて、参考書としておすすめです。

なおこちらの本ではフォニックス前のプロセスを「フォネミック・アウェアネス(Phonemic Awareness)」としています。「フォネミック・アウェアネス」と「フォノロジカル・アウェアネス」は教育現場ではほぼ同義に使われることも多いのですが、本書ではカバーする領域の広い「フォノロジカル・アウェアネス」を用います。

「フォノロジカル・アウェアネス」は一般的になじみがなく、面倒な作業かもしれませんが、「おうち英語」でこそ遊び感覚でカバーできるので、子どもと楽しんで取り組んでみましょう。

「フォノロジカル・アウェアネス」の取り組み方

フォノロジカル・アウェアネスにはこの手順ですべきという定番の方法はないため、ここでは、いくつかの方法を参考に4つのステップにまとめ直しました。前出のリーパーすみ子先生の著書で紹介されているアメリカの小学校での方法や、オーストラリア・ビクトリア州教育省の資料(参考資料20／215ページ)、さらに英国教育省認定システマティック・シンセティック・フォニックスを提供している教材会社(Jolly Phonics、Twinkl Phonics、Floppy's Phonics)の手法をベースにして、「おうち英語」で取り組みやすい手順に直しました。

第 5 章 「パーフェクト・タイプ」のおすすめおうち英語

　保護者が子どもにフォノロジカル・アウェアネスの4つのプロセスを教えるのは、それほど難しいわけではありません。家庭内で簡単にできる方法を紹介していきます。

1. 音節を意識しよう

　音節はシラブル（syllable）とも呼ばれます。音節を意識して理解するには、単語を音節で切って読むことを遊びの一環として取り入れるといいでしょう。音節の区切りは辞書に載っていますが、保護者が覚えるのが難しいのであれば、カードに音節の区切りを書いておいて、一緒に拍手をしたりジャンプをして、区切りを体感してみましょう。

2. 韻を探してみよう

　韻（ライム／rhyme）への意識は、ナーサリー・ライム（伝承わらべ歌）のような歌を歌うことで解決できます。「英語音源のかけ流し」（74ページ）で紹介したナーサリー・ライムを聴くだけで、子どもは自然と韻を音として体得するはずです。

3. 頭韻を意識しよう

　頭韻（アリタレーション／alliteration）は、韻と似ていますが、単語

の最初が同じ音であることを意識することです。頭韻は早口言葉を子どもと一緒に言うことで、自然と身についていきます。「早口言葉(tongue twister)」は、ネット上でも簡単に見つけられるので試してみましょう。

> **[早口言葉 (tongue twister) 例]**
> ▶初心者向け
> - Red lorry, yellow lorry.（lorryはトラックのこと）
> - Sheep should sleep in the shed.
> - She sells seashells on the seashore.
> - I scream, you scream, we all scream for ice cream!
> - I saw Susie sitting in a shoeshine shop.
>
> ▶中上級者向け
> - Peter Piper picked a peck of pickled peppers.
>   A peck of pickled peppers Peter Piper picked;
>   if Peter Piper picked a peck of pickled peppers,
>   where's the peck of pickled peppers Peter Piper picked?
> - How much wood would a woodchuck chuck,
>   if a woodchuck could chuck wood?
>   He would chuck, he would, as much wood as a
>   woodchuck would, if a woodchuck could chuck wood.

4. 音素を理解しよう

　音素（フォニウム／phoneme）とは音声の最小単位ですが、これが意外と日本人には難しいのです。日本語の特性で「子音と母音は常に

第5章 「パーフェクト・タイプ」のおすすめおうち英語

セットで一音」ととらえがちなので、英語では「母音と子音が分かれる」ことに気づければいいでしょう。

特に市販の教材はないので、例えば下記のようなカードを作って、duckがdとuckに分かれることを意識させるといいでしょう。「単語が母音の前と後ろで分かれる」ことが視覚的に認識できると、子どもでもスムーズに理解できるはずです。「おうち英語」で取り組むのであれば「どこで切れるかな？」とゲーム感覚で学べれば十分です。

以上、4つのステップは、英語の音に慣れることが目的ですので、集中して取り組む必要はありません。英語のかけ流しや読み聞かせのちょっとした隙間時間にたまに試してみてはいかがでしょう。フォニックス導入前に、**英語の音に親しむことがこの「フォノロジカル・アウェアネス」のゴール**です（＊参考資料19、20／215ページ）。

フォニックスの導入時期

　フォニックス前の準備(フォノロジカル・アウェアネス)の4つのステップができたら、フォニックス学習の土台が整ったことになります。しかし、フォニックスを導入するには、もうひとつハードルがあります。それは、**フォニックスで扱う単語に事前に少しふれておくほうがよい**ということです。

　フォニックスは、ネイティブ・イングリッシュ・スピーカーの子どもであれば、「日常生活で使う語彙をある程度わかった年齢」、英国教育省認定フォニックスの場合は3歳から4歳で指導がはじまります。この「語彙をある程度習得」のレベルが、「おうち英語」の方にはわかりづらく、「導入時期はいつがベストか」と悩んでしまうかもしれません。

　私が英国式のフォニックスを教えた経験をふまえると、フォニックスを教える際に使う予定の教材の絵に出てくる単語(音素を学ぶときのベースとなる単語)のうち、7割程度がわかったときがいいでしょう。なぜなら、その単語をもとにして「フォニックスの音」を学んでいくので、そもそも単語が認識できていないと学習が難しいからです。

　つまり「おうち英語」のフォニックスの導入時期は、「何歳になったから」「小学校の前に」ということではなく、フォニックスが学習のベースにしている単語をある程度子どもが知っていることが判断基準になります。よく見るフォニックスのポスターに載っている単語を見て、「うちの子はappleもballもcatも知っているからフォニックスはいまやるべき」とあせりがちですが、ポスターの単語が少しだけわかっていたとしても、フォニックスの決まりを習得するのはやや難しいでしょう。

言いかえれば、フォニックスを本格的にはじめる前に、使用したい教材を見て、どのような単語が使われているか事前にチェックし、その単語を「仕込んでおく」とよいでしょう。「仕込み」というのは、単語を読めたり書けたりできるようになっておくという意味ではありません。それはフォニックスで学ぶことだからです。単語の「仕込み」のイメージは、子どもが「あ、それ、聞いたことがある」程度で十分です。「単語と音」が結びつくように、**絵本を読んだり、ナーサリー・ライムを歌ったり、早口言葉に挑戦したりといった、フォノロジカル・アウェアネスのプロセスを経験することで、単語も自然と耳になじんでくる**でしょう。

フォニックスのルールでカバーできないサイト・ワーズ

フォニックス学習の難しい点は、ネイティブ・イングリッシュ・スピーカーの子どもでも、フォニックスのしくみだけでは理解できない単語が英語には多いことです。これが**米国で「サイト・ワーズ(Sight Words、英国ではトリッキー・ワーズ)」と呼ばれる単語**です。サイト(sight)とは目で見て覚える語のことですが、フォニックスのしくみに当てはまらないので、暗記する必要があります。例えば、you、said、oneなどがサイト・ワーズです。

サイト・ワーズ(トリッキー・ワーズ)だけを取り出して学ぶ本もありますが、どのフォニックスの方式であっても、途中で必ずサイト・ワーズが入ってきます。フォニックスの方式によってサイト・ワーズの数や導入時期は異なるため、使っている教材に出てきた順番に、あせらずに覚えていくのがおすすめです。

フォニックスの5つの学習プロセス

音への気づき（フォノロジカル・アウェアネス）の準備ができたら、いよいよフォニックスに取り組みましょう。フォニックスには、さまざまな教授方法があります。本書では、家庭でも小さなステップを踏んで少しずつフォニックスを学習することが比較的簡単で、保護者もアクセスしやすい教材の用意もある「英国式」を紹介します。

どの教材を使うにせよ、**フォニックスが以下の5つのプロセスを網羅して学習を進める点をあらかじめ理解しておく**と、混沌としてしまうフォニックスの学習が、少し整理できるかもしれません。

STEP 01 基本の音素を頻出順に学習

ここはフォニックスの方式によってアプローチが分かれるところではありますが、英国式フォニックスでは、42ないし44の基本の音素を、子どもがすでに絵本などで知っている単語の音の順番に学習します。この方式は「システマティック・シンセティック・フォニックス」と呼ばれていて、すべての英国の小学校、早いところでは幼稚園（ナーサリー）から導入されています。

なお、英国式以外のフォニックスでは、頻出単語の音の順番ではなく、「アブクド読み」（a, b, c, dのアルファベット順でフォニックスを習う方式）が取られていることが多いです。

英国式のフォニックスは、頻出単語の順番に音を習うため、学習の

初期の段階から、習った音素で単語をつくりやすいという特徴があります。

英国式フォニックスには副読本（デコーダブル本）という冊子がレベル別に複数用意されています。子どもたちは、学校や家庭でデコーダブル本を読み、フォニックスのルールを定着させていきます。学校で習った音素でつくられた単語がデコーダブル本の中でレベルに応じて使われているため、読みやすく、自然とルールが身につきます。

STEP 02 サイト・ワーズ（トリッキー・ワーズ）は フォニックスの過程で習得

先にふれたように、どのフォニックスでも、基本の音素の学習が進む途中から、フォニックスのルールでは読めない単語（サイト・ワーズもしくはトリッキー・ワーズ）がカリキュラムに少しずつ組み込まれてきます。もともとこの「フォニックスのルールで読めない単語」、例えばyouなどは日常使われる単語で、子どもにはなじみのある語です。学習プロセスに組み込まれているので、その都度覚えていきましょう。

STEP 03 2字、3字からなる音やマジックeを習得

基本の文字のフォニックスを習得する途中から、二重字（ダイグラフ／digraph）や三重字（トライグラフ／trigraph）が導入されます。ダイグラフとは、例えばgraphのphを/f/と読むようにアルファベット2文字で1つの音になる綴りで、トライグラフはmightの3つのアルファベットighを/ai/と1つの音で読むことです。

また、「マジックe」と呼ばれる、それ自体は読まれないeを単語の後ろにつけて、前の母音字を短音から長音に変化させる読み方も習得します。例えば、tapの発音は/tæp/ですが、これにeをつけてtapeにすると/téip/になり、aの発音が/æ/から/ei/に変わります。

　説明を読んだだけでは難しいと思われるかもしれませんが、もともと知っている単語を例に学ぶため、子どもは意外とスムーズにゲーム感覚で覚えていきます。

STEP 04　ブレンディング、セグメンティング

　音素を学ぶプロセスの途中から、ブレンディングとセグメンティングというフォニックスで欠かせない取り組みがはじまります。

　ブレンディングは、「茶葉をブレンドする」というイメージのように、いろいろな音素を組み合わせて単語をつくって、その音をつなげて読むことです。言いかえれば、ブレンディングは「読み」へつながるフォニックスの基礎的な方法です。

　一方のセグメンティングは、ブレンディングとは反対に、単語を聞いてそこに含まれる音素をバラバラに認識できるかという探索ゲームのイメージです。音を小さいパーツに分けていくことで、「綴り（スペリング）」の準備をしていることになります。

　例えば、cとaとtの文字を合わせて読むことでcatになる読み方がブレンディングで、/kæt/を聞き/k/, /æ/, /t/に分解し、それぞれの音にc, a, tの各文字を当てはめることができるのがセグメンティングです。

STEP 05 同音異綴り

　最終段階のここがもっとも難しく、なおかつとても重要な点です。フォニックスの基礎の最終ゴールは、同じ音でもさまざまな綴り（同音異綴り：alternatives, オルターナティブス）があることを理解することです。ブレンディングとセグメンティングの練習を通じて、子どもは音を正確に判断できるようになります。次のステップとして、その音にどの綴りを当てはめるかを練習することが、正しいスペリング習得への準備となります。

　例えば、/ai/ という音を聞いて、すぐさま基本の5つのパターンのスペリング（pieのie、kiteのiとe、flyのy、nightのigh、kiteのi_e）が思いつくように繰り返し練習します。

　この5つのプロセスがフォニックスの基本になります。もちろん「おうち英語」で全部をカバーする必要はありません。フォニックス学習のゴールをどこに定めるかは、保護者次第です。

　例えば、ネイティブ・イングリッシュ・スピーカーの子どもたちが長い時間をかけて学ぶ「正しい綴り方」を獲得する過程（前出のステップ1～5）をすべて完璧にやってみたいのか、あるいは初期のほんの導入部分の42もしくは44程度の音素の習得だけでよいのか（ステップ1）、めざすところを決めて取り組みたいところです。

　フォニックスは発音上達の魔法のスキルではなく、「読みと綴り」へと続く長い道のりです。さらっと1回音素を学んだだけでは身につかないのがフォニックスです。

　5つの学習プロセスを定着させるためには、毎回復習が必要とされ

ていて、ネイティブ・イングリッシュ・スピーカーの子どもでも、家庭にデコーダブル本（基礎のフォニックスだけで読める本）を持ち帰って、保護者と一緒に読む宿題があります。**「一度習えばすぐに発音が上達する」ようなことはない**点だけは理解しておきましょう。

フォニックスの教材や素材はたくさん

いまは「おうち英語」でフォニックスに取り組める教材や素材はたくさん出回っています。通信教材やアプリなど「総合的な英語教材」の中の一部でフォニックスを扱っているケースもあります。

本書で紹介した英国教育省認定フォニックスのうち、日本でアクセスしやすい3社、Jolly Learning Ltd.の"Jolly Phonics"、Twinkl Ltd.の"Twinkl Phonics"、Oxford University Pressの"Floppy's Phonics"が内容も確実で信頼がおけます。

上記3社ふくめ、「おうち英語」で使っている方も多いフォニックスの教材・素材をいくつか紹介します。

> **・Jolly Phonics, Twinkl Phonics, Floppy's Phonics**
> →すべて英国教育省認定システマティック・シンセティック・フォニックス。Jolly Phonicsは日本語訳の教員用指南書がある。ほか2社は基本的に英語で学ぶ方式。Jolly PhonicsはアプリのJolly Phonics Lessonsや教室用サブスクリプションソフトウエアのJolly Classroomを提供。文法や句読点の使い方などを教えるJolly Literacyのサブスクも開始。Twinkl Phonicsはオンラインから教材やマニュアルのダウンロードが可能。
> Floppy's PhonicsはORT(Oxford Reading Tree)と同じ主人公で「おうち英語」の子どもにはなじみやすいが、教員用マニュアルなどは英語のみ。Oxford University Pressのサイトから購入。

「パーフェクト・タイプ」のおすすめおうち英語　第5章

- **Oxford Phonics World**
  →Oxford University Pressのフォニックス教材。アナリティック・フォニックス方式（米国の多くの州が採用）。大量のテキストと映像でステップアップしていくシステム。使いやすいが根気が必要。

- **Reading Eggs**
  →オーストラリア発のアプリで解説はすべて英語。ニューサウスウェールズ州の教育方針にのっとり英国教育省認定システマティック・シンセティック・フォニックスとアナリティック・フォニックス（米国の多くの州が採用）のミックス方式を採用。英国式フォニックスに特化したコースの用意もある。
  大量の素材がオンラインで提供されており、ダウンロードも可能。

こうしたツールに加え、最近はYouTubeなどでフォニックスの音声にアクセスすることも比較的簡単にできるので、保護者が主体的にフォニックスを進められるでしょう。

ただ、繰り返しになりますが、「読めるから」といってどんどん進まず、**音と綴りを定着させるためには常に復習を心がけましょう。**前回までに学んだ要点を復習して定着させること、「3歩進んで2歩下がる」ゆっくりスタンスで学ぶことが大事です。

また、少し年齢が上の子どもにフォニックスを教えるのはなかなか難しく、良い教材が少ないのですが、長い時間をかけて英語でフォニックスを学ぶよりも、**日本語の説明付きの書籍で手早く学んだほうが効率がよい**かもしれません。

『スラすら・読み書き・英単語』や『英語の発音・ルールブック』（ともにNHK出版）が音声付きで、綴りと発音、聞き取りまで丁寧な解説があるので学びやすいでしょう。もう少し専門的な説明が欲しいという場合は、『英語の綴りのルール』（研究社）が索引も付いていておすすめです。

おすすめ 02 英絵辞典、英英辞典
（100冊本メソッドランキング12位）

POINT

- 年齢の低い子には視覚的に理解できる英絵辞典
  日本製と海外製で使い分けるとよい
- 英英辞典は単語を文章で覚えられる
- 小学生向けの英和・和英辞典も充実

日英で違う絵辞典

　100冊本の8名の著者が英絵辞典（ピクチャーディクショナリー）や英英辞典の使用をすすめています。英英辞典は、81ページでも紹介しているように、単語の定義から自分の使いたい意味を選び出すという辞書を引くステップを通じて語彙力アップに有効です。また、『帰国子女ー帰国の前に親子で読む本』（南雲堂）でも、「辞書の例文を見て語法に注目し、好きな例文を一つ暗記」することが語彙スキルの向上につながるとしています。

　また、年齢の低い子どもの場合は英英辞典ではなく、**英絵辞典を使うと、「日常生活語彙」などが視覚的に理解できて学習効果が上がる**ことが専門家によって指摘されています（＊参考資料21／215ページ）。英絵辞典（ピクチャーディクショナリー）には海外製と日本製があるので、違いをあらかじめ理解しておきましょう。海外の出版社の英絵辞典20冊と日本の出版社の英絵辞典10冊を比較した研究によると、そ

の特徴にはいろいろな違いがあるとされています。

例えば、国内の英絵辞典は見出し語（辞書を引いたときに表示される語）の8割が名詞ですが、海外製の英絵辞典には名詞だけでなく動詞や形容詞も載っています。海外製の英絵辞典の動詞の例では、kissやhugなど保護者と子どもが毎日する行動や、screamやdigやpourやhideやhopなど子どもの遊びで使われる動作を表現する語が収録されています。動詞が載っていると文章作成にもすぐに役立つのが良い点です。

収録単語の種類は、海外製の英絵辞典は「動物」や「気象」など自然に関連する単語が多く、一方、日本の英絵辞典は「教育」や「施設」などに焦点を当てているようです。国内で発行されている英絵辞典には辞書を使う場である「学校」関連の単語が多く収録されています。「おうち英語」では、海外製、日本製両方の英絵辞典を必要に応じて利用するのがよさそうです。

小学生向けの英和・和英辞典も使える

英語を英語で調べる英英辞典（英絵辞書）のほかに、小学生向けの英和辞典や和英辞典も最近は内容が充実しているので、選択肢に入れるといいでしょう。

中でも小学館の『プログレッシブ小学英和辞典』と『プログレッシブ小学和英辞典』は、書籍版に加えてアプリ版もあります。アプリ版は辞書アプリ「物書堂」内で購入可能です。音声付き（書籍版の場合はウェブサイトにアクセス）なので「おうち英語」では使いやすいでしょう。

『プログレッシブ小学英和辞典』には次のような特徴があり、小学生

が使いやすいつくりになっています。

> ・漢字にすべてふりがな付き
> ・発音記号付き（発音記号の隣にカタカナあり）
> ・アメリカ発音音声付き
> ・名詞、動詞、形容詞などの品詞説明付き
> ・英検（5級〜3級）やCEFR-J（ヨーロッパの外国語能力の到達度指標の日本版）の目安ラベル付き

　さらに囲み記事（コラム）が充実していて、「ここがポイント！」で英語の考え方、「これ、知ってる？」で風習の違いなどにふれています。例えば、アプリ版で「ここがポイント！」のchallengeをタッチすると、challengeは「人に挑戦する」、tryは「物事に挑戦する」と、その違いをイラストと例文でわかりやすく説明しています。

　一方、『プログレッシブ小学和英辞典』も『プログレッシブ小学英和辞典』と同様の機能が備わっています。英和辞典と同じく、英語の考え方や風習の違いなども説明しています。例えば、「かくれんぼ（う）」をタッチすると、hide-and-seekという用語だけではなく、「もういいかい」（Ready or not, here I come.）とは英語で言っても、「まーだだよ」「もういいよ」にあたる返事はないといった説明もあり、英語圏の文化にふれることができます。

　「おうち英語」では、海外発の英絵辞典や英英辞典の使用にこだわる方が多いのですが、<u>**使いやすい小学生向けの英和辞典・和英辞典も英単語の深い理解につながる**</u>でしょう。

おすすめ 03 英単語絵カード
(100冊本メソッドランキング9位)

POINT

- 市販も多数あるが好みで手づくりしてもOK
- 手軽に学習でき、語彙力アップにつながる
- ただしカードだと単語の暗記だけになりがち、「英語を使う状況」もふまえて理解してもらう工夫を

手づくりする保護者も多数

　英単語と絵が載っているカードは「おうち英語」で使い勝手のよいツールです。単語カードやフラッシュカードのような「絵カード」は、100冊本の著者13名が、おうちで手軽に英単語学習ができるので、実際に使っていると述べています。

　英単語や英語フレーズのカードは多くの知育教材会社が販売していますが、最近はネットから無料で入手することも可能です。音声付きが好ましい場合は、幼児でも操作しやすい形状で、単語を読み上げる音声ユニット付きの絵カードが市販されています(『タッチで聞こう！えいごかるた』/くもん出版など)。

「おうち英語」に熱心に取り組む保護者の中には、絵カードを手づくりする方もいます。SNS上でも、工夫を凝らした単語カードをラミネート加工して活用しているケースをよく見かけます。

　Canvaなどフリーのデザインツールが増えたので、市販では見か

けないカードも簡単に自作できるようになりました。私も孫のために、市販のカードの気になる点を少し修正して手づくりをしたことがあります。例えば、職業を紹介する絵カードでは、男性がパイロットや科学者、女性がCAや花屋さんというような古い固定概念の絵を使わず、男女ともに絵カードに載せることを心がけていました。

語彙力アップに効果的だが「状況」も意識させる

英単語絵カードを「おうち英語」で使う際は、配慮すべき点がひとつあります。カードは語彙力アップに魅力的な教材ではありますが、**カードで暗記した英単語は「英語を使う状況」とは切り離されている**ことが往々にして起こります。つまり、実体験を伴わない単語だけが子どもの中に積み重なることになりがちです。英語を使う環境も含めて「単語」を理解させるためには、工夫が必要になります。

『ほんとうに頭がよくなる 世界最高の子ども英語：わが子の語学力のために親ができること全て！』(ダイヤモンド社)では、単語が使われる状況や文化的背景と語彙を結びつけて理解を深めるために、英絵辞典と絵カードを併用することをすすめています。例えば「カードを何枚か使ってひとつの『おはなし』をつくる」ことを提案しています。

このおはなしをつくるカードは"Sequencing Cards"(シークエンシング・カード)と呼ばれており、市販もされています。ストーリーの順番を意識しながらカードを並べ替えることで、英語が使われる「文脈」や「状況」を意識できる教材として、子ども向けの英語クラスではよく使用されています。

第5章 「パーフェクト・タイプ」のおすすめおうち英語

おすすめ 04 日記（一行日記、初歩のライティング）
（100冊本メソッドランキング21位）

> **POINT**
> ・ライティングは難しい、まずは大きく文字を書くことから
> ・文字が書けるようになったら次は単語へ
> ・文章を書く前に、口頭で文章を言うステップを入れる

ライティングの練習は文字を大きく書くことから

日記（一行日記）は100冊本の著者3名がすすめています。

低年齢の「おうち英語」の場合、ライティングは文字を書くことからはじまります。**まずは1つの文字を大きく書く練習からはじめるのがポイント**です。

『わが子を「英語のできる子」にする方法』（大和出版）では、保護者が単語を大きく書いて、子どもはそれを見ながら罫線のない大きめの紙に文字を書くことからはじめるといいとしています。

また、フォニックスで文字を導入する場合も、自宅では教室のような大きな白板や黒板はなかなか用意できないため、最初は模造紙サイズを半分にした大きな紙を壁か床に貼って、子どもになぞらせることからはじめるといいでしょう。

小学校でアルファベットを教えるときには、子どもが書きやすいSassoonというフォントのなぞり書きからはじめて、子どもが一筆書

きで文字を書けるような配慮をすることが、最近の傾向になっています。

アルファベットの文字が書けるようになったら、次は正しいスペリングを理解します。そして単語が少し書けるようになったら、ようやくライティングにつなげることになります。

文章を書く前に まずは口頭で言えるように

スペリングがわかっても、ライティングにつなげるのが「おうち英語」では難しいとされています。なぜなら、**ライティングへ発展させるには、まずは口頭で「単語だけをつなげる」のではなく、「主語や述語のある短い文」を1つでいいのできちんとアウトプットできる**ことが必要になるからです。

その手順を見てみましょう。例えば、128ページで紹介した"Jolly Phonics"では、スペリングが少しわかってきて単語が書ける段階になったら、子どもに絵を見せて「説明して」とまずは口頭で「単語の羅列」ではない「主語や述語の入った短い文」を言ってもらいます。いきなり短文を言うのが難しいときは、まずは大人がお手本で言ってみせます。次に、主語と動詞など単語2つか3つをかたまりで言っては繰り返させたあと、最後に短文全部を一緒に言うという手順で進めるといいでしょう。

文章が言えるようになったら、次の段階として、同じ文章を書かせます。フォニックスがある程度理解できていても、最初はスペリングを間違えてしまうものです。全部の書き間違いを一挙に正さず、子ど

もがなじみのある単語から直していきましょう。

書けるようになったら日記にトライ

　絵を見てそれを説明する文章が言えて、どうにか書ける段階まできたら、「一行日記」にうつりましょう。

　フォニックス教材の絵を見て、その説明文を書くことは比較的簡単にできるようになっても、「日記」となると何を書けばいいのかがわからなくなってしまう子どもが多いと思います。その場合は無理強いをせず、まずは絵日記を描いてもらい、絵を説明する英単語だけを書かせます。絵日記と英単語に慣れてきたらその英単語を使って、1つでいいので文章をつくれるようにします。

　日記は、女子児童は意欲的に取り組む傾向がありますが、「男子児童は嫌がる」と指導の難しさを指摘する100冊本もありました（『帰国子女―帰国の前に親子で読む本』／南雲堂）。男子児童の保護者に経験談を聞くと、日記よりも「いま、はまっていることを親がインタビューするような感じで聞いて、気分が乗れば書かせるようにした」という方もいました。例えば、好きなスポーツやゲーム、学童ではやっている遊びなどを話しながら、少しだけ書かせるようにしたそうです。初歩のライティングとしては、「日記」にこだわりすぎず、子どもの好きなことを書いてもらってもよいのかもしれません。

おすすめ 05 暗唱
（100冊本メソッドランキング16位）

POINT

・地道な取り組みだが英語のリズムを身につけるのに効果的
・繰り返しのフレーズが入った文章で楽しくトライ

「暗唱」とAI読み上げ機能

　暗唱は昔ながらの方法で、文章を暗記して何も見ずに言う取り組みです。英語の読み方がわからない場合には、音源を聞きながら文章を見て、それを暗記してそらんじることになります。

　地味な作業なので、最近の「おうち英語」ではあまり人気がないようです。しかし、効果があるという研究者もいて、暗唱を幼稚園児にさせたところ読むスピードが速くなり、読解の正確さやスペリングなどが向上するという結果が出ているそうです（＊参考資料22、23／215ページ）。「おうち英語」でもぜひチャレンジしたい取り組みです。

　暗唱の際は、以下の4点に注意して素材を選ぶといいでしょう。

・ネイティブ・イングリッシュ・スピーカーが読む音が付いている文章（バックグラウンド・ミュージックが付いていない音源）
・繰り返しのフレーズが多めでリズミカルで韻が入っている文章
・子どもの理解を助けるイラストや写真付きの文章
・文章の量は最初は少なめ

「パーフェクト・タイプ」のおすすめおうち英語　第5章

　もし暗唱させたい素材に、ネイティブ・イングリッシュ・スピーカーの音声が付いていない場合は、AIを利用して読み上げてもらうといいでしょう。文章の分量にもよりますが、「音読さん」（84ページ）は読み手として「子どもの声」を選択できるのでおすすめです。また、読み上げの音声は速度調整ができ、音声ファイルはダウンロードもできるので何度も聞き返すことができます。

暗唱の活用例
どんぐりばぁば家のケース

　わが家が海外駐在帯同中に子どもが1年通ったアメリカ系のインターナショナルスクールでは、英語（国語）の時間に暗唱をさせられていました。週に1回は暗唱が宿題として課されていましたが、取り組むうちに顕著に子どもの英語の単語数が増えて、フレーズが身につきました。

　効果を感じたので帰国後も、語彙力アップのために暗唱を続けていました。暗唱用の教材は、当時日本で人気だった『音読王―心にきざむ英語の名文』（小学館）や、有名スピーチを選んで使いました。英語のリズムを会得するにも暗唱はきわめて有効で、子どもはよく手で拍をとりながら暗唱していました。低学年で帰国したわりには英語を忘れることを食い止められたのは、暗唱の効果かもしれません。

「おうち英語」でも、本を1行ずつ**親子で交互に暗唱したり、文章を暗記できるかの競争をするなど、ゲーム感覚で暗唱に取り組んでみては**いかがでしょう。

「おうち英語」お子さん実例 2

●リサちゃんの場合

- 海外在住経験なし
- 小学4年生で英検2級合格、6年生で英検準1級合格
- 小学5年生以降も英語学習を継続
- 現在／中学受験を経て帰国子女の多い中学校に通う

◆文法をしっかり学ぶ

　リサちゃんは、保育園から小学校高学年までの間、英語教員のママが、市販の教材（141ページ参照）を活用しつつ、英語の専門家としての知識を生かして文法をしっかり教え込みました。その結果、**小学6年生ですでに大学受験レベルの文法力を習得**していたそうです。英検は小4で2級に、小6で準1級に合格しています。

　文法以外は、幼稚園後に通える英語のアフタースクールの幼児クラスに1年、**日本語の保育園に通うようになってからは帰宅後、ほぼ毎日、オンライン英会話を30分受講して、会話スキルの向上**をめざしていました。

◆使用教材と単語の暗記方法

　英語のアフタースクールや毎日のオンライン英会話で会話力を磨く一方で、**小3まではDWEやディズニー・チャンネル、それ以降はいろいろな映像や音源を視聴**することで、リスニング・スキルも鍛えていたそうです。

> **小学校時代に使った学習素材（一例）**
> - Asahi Weekly
> - 『小学生の英単語カード950（新レインボーはじめて英語図鑑）』（学研プラス）
> - 『英検2級 でる順 パス単 書き覚えノート 改訂版』（旺文社）
> - 『中学総合的研究問題集英語改訂版』（旺文社）
> - 『最高水準問題集 中3英語』（文英堂）
> - 『くもんの中学基礎がため100％中3英語：学習指導要領対応（文法編）』（くもん出版）
> - 『中1英語をひとつひとつわかりやすく』（学研プラス）
> - 「Let's Go」シリーズ（Oxford University Press）
> - 「Side by Side Extra」シリーズ（Pearson Japan）

　リサちゃんは文法だけではなく、語彙力もあるのですが、**単語習得のコツは「8日で1周する暗記法」**ということでした。

　この方法は「分散学習」として知られている効果的なやり方です。語彙学習の専門家も、学習項目を間隔をおいて複数回繰り返す「分散学習」のほうが、間隔をおかずに複数回繰り返す「集中学習」よりも効果的であるとすすめています（『最新の第二言語習得研究に基づく 究極の英語学習法』／KADOKAWA）。「分散学習」は子どもはもちろん、年齢を問わず語彙学習に効くとされています。

　英語が堪能な帰国子女が集まる中学校の受験を考えていたので、総合的な英語力アップを意識していたリサちゃん。中学生になった現在、「帰国子女と力の差を特に感じるのはライティング」とのことですが、「おうち英語」で鍛えた英語力を生かして頑張っているそうです。

第6章

「バランス・タイプ」の おすすめおうち英語

いろいろな教材を使いこなして親も英語力アップ?!

バランス・タイプ（Balanced-Type Parents）の保護者の方は、子どもの興味に合わせて上手に教材を使いこなしています。子どもの英語学習に伴走しているうちに、ママとパパの英語スキルもアップしたという話をよく聞きます。子どものフォローも上手なので、手間のかかる「多読」なども、さり気なく寄り添いながら進めることができるでしょう。

おすすめの取り組みは**「多読」「アプリ」「英会話スクール、英語塾（対面）」「DWE（Disney World of English）」**です。

多読
（100冊本メソッドランキング6位）

- 子どもの多読は「音読」での多読からスタート
- 基本的には好きな本を楽しく読めばいいが、できるだけ保護者が内容理解度をチェックする
- 多く読めばいいということではない。レベルアップをあせらず、じっくり取り組む

第 6 章 「バランス・タイプ」のおすすめおうち英語

子どもの「多読」と一般的な「多読」

子どもの英語力を伸ばす「多読」は、17名の100冊本の著者がすすめる取り組みです。ただし、一般的な「多読」と「おうち英語の多読」は少し異なります。

中学生以上の一般的な多読は、通常たくさんの本を黙読で読むことを指しますが、**小さい子ども向けの多読は、「自力で音読」ができた次の段階なので、最初のうちは「音読多読」が基本**になります。

英語学習における一般的な「多読」の定義は明確に決められていて、専門家によると「学習者が自分にとって適切なレベルの読み物をたくさん、ひとりで声を出さずに読むこと」であり、具体的な本選びの目安は「知らない単語は2%」の本であるべきとされています。出てくる文法もほとんど「なじみがあること」が基本なので、推測しながらどんどん読み進めることになるでしょう。

しかし「おうち英語」の多読は、中学生以上を対象にした多読とはまったく異なります。そもそも幼い子どもが、多読する本の「単語の98%を理解」していることも、「文法事項をすでに学習していてなじみがある」こともありません。そのため**子どもの多読の最初の段階では、ひとりで読み進めるのではなく、保護者がそばで音読の様子を見守ることがよい**とされています。

子どもの多読の進め方

　子どもの「多読」は、文法事項などをまだほとんど教わっていない子ども自身が本を読み進めることになります。ですから、**まずは読める文字を「音読」でゆっくり拾っていくことからはじめる**ことが望ましいとされています。

　最初のステップでは、新たに素材を用意するのではなく、家にあるなじみの本や、3章で紹介した親が子どもに音読する「読み聞かせ」と同じ本を使うといいかもしれません。

　日本語の本でも、保護者が子どもに本を読み聞かせしているうちに、お気に入りの本を子ども自身が「自分で読みたい」という気持ちになって、いわゆる「自力読み」と呼ばれるステップに移行していくことがあります。どんどん自分で読み進めることで多くの本にふれる「多読」のプロセスは、日本語でも英語でもほぼ同じと考えていいでしょう。

　読み聞かせと同じ本をある程度読んだあと、新たに多読用に本を用意する場合、子どもの英語力に合った適切な本を大量に探すのはなかなか大変ですね。そのため、「おうち英語」の多読では、Oxford University Pressの"Oxford Reading Tree"シリーズやそのアプリである「Oxford Reading Club (ORC)」を使う方が多いようです。レベル分けがわかりやすく、同じレベルの本も多いので、横断的に読み進めることや、上のレベルを試し読みすることも簡単にできます。ある程度のレベルの本を安定的に読めるようになったら、次のステップへと進んでいきましょう。

「バランス・タイプ」のおすすめおうち英語　第6章

　子どもの英語の「多読」に関しては、英語塾J PREPの斉藤淳先生も『斉藤先生！小学生からの英語教育、親は一体何をすればよいですか？』(アルク)の中で推奨しています。「母語である日本語で本を読む習慣」があれば、フォニックスを介して外国語である英語を音読して、徐々に多読に移行でき、「多読のライブラリーもしくはデジタル教材」を上手に利用することで、言語の能力をうまく引き上げていけると、多読のメリットに言及しています。

　また、多読では語彙力をアップするだけでなく、読む速度に注目している100冊本の著者もいます。『世界で活躍する子の〈英語力〉の育て方』(大和書房)の中では、「1分間に110〜130単語を正確に音読する」ことを目標に、スピードも意識してステップアップすることをすすめています。

　このように、子どもを対象とした英語の「多読」は、**まずは音読をしながら、少しずつ読む速度を上げていく**というのが基本的なスタンスとなります。しかし、子どもの多読では量をこなすこともさることながら、**「楽しかった」という満足感や、「読めた」という達成感も大事**です。保護者が「もっと速く読みなさい」と圧をかけたり、「この子ならもっと読める」と先回りして高度な内容を与えすぎることのないように注意したいところです。

多読のメリット

「多読」にはどのようなメリットがあるのでしょうか。

黙読と音読の違いはありますが、中学生以上の一般的な多読と小さい子どもの多読のメリットは似ています。『親子で楽しめる 絵本で英語をはじめる本』(ディスカヴァー・トゥエンティワン)、『最新の第二言語習得研究に基づく 究極の英語学習法』(KADOKAWA)で、専門家が指摘している効果やメリットは以下の通りです。

多読の効果・メリット

・大意を把握する力の育成
・推測力アップ
・語彙レベルの向上
・頻度の高い定型表現の習得
・総合的な英語力の習得
・リスニング力のアップ
・スピーキング力のアップ

例えば推測力については、子どもであっても、多読を進める中で「わかるところだけつなげながら読む(絵を見る)」作業をするうちに、文脈を推測する力が育まれるといわれています。

また、多読でスピーキング力がアップする点については、先にふれたように子どもの多読は最初は「音読」なので、たくさん音読をすることで「英語的な抑揚を習得できる」ことが大きいでしょう。

音読については「毎日数分音読する」ことだけでも、冠詞や前置詞などの使い方が身について、英語力に「驚くべき効果」をもたらすの

で、「1日5分、流れるように、はっきりと音読する」ことを意識するとよいとしている100冊本の著者もいます(『帰国子女―帰国の前に親子で読む本』／南雲堂)。

多読をレベルアップするには

このように、子どもの多読は基本的には楽しく取り組めるように「子ども自身が好きな本」を集めて、まずは「音読」で読み進めます。慣れてきたら、読む速度も意識しつつ、「多読」をレベルアップさせたいところです。その際は、以下のポイントを心がけましょう。

▶3回読み

単に子どもが好きな本を音読するだけでは、いっこうに上達の気配がないと、あせる保護者から相談を受けることがあります。その際におすすめするのは、1冊の本を子どもが「3回読み」する方法です。

私も研修を受けたことがある「英語多読アカデミア」が一般公開している方法ですが、"Oxford Reading Tree"のアプリ「Oxford Reading Club (ORC)」を使うと簡単に実践できるため、「すでに3回読んでいた」という方もいるかもしれません。

ORCを利用する「3回読み」の方法は、以下の通りです。
- アプリ内の音源を聞きながら、文字を指でなぞりながら読む
- 声に出して繰り返して、アプリ内の音源をまねして読む
- 文字を追いながら、アプリ内の音源と同じタイミングで音読する

毎回は無理でも、時間に余裕があるときに多読用の本を「3回読み」することで、発音やイントネーションが身につくだけでなく、英語独特のリズム感や抑揚など、いわゆるプロソディーも習得できます。

▶内容理解の確認をする

　私の子どもが海外のインターで多読をすすめられたときも、少しずつ読む内容をレベルアップしていくことが求められました。同じレベルの本が安定的に読めるようになってきたら、3章でふれた「ダイアロジック・リーディング」（68ページ）のような質問で、内容理解をチェックするように先生からアドバイスされました。

　英語学習用の多読本の場合は、表紙にレベルが記載されており、本の途中や最後に内容チェックの質問があります。読むレベルをアップするときは、それまでのレベルの語彙や内容理解がきちんとできていることが前提になります。

「おうち英語」では、子どもが英語を嫌いにならないようにすること、楽しいと感じさせることが大事です。多読の場合も、あれこれ指示せず、子どもの好きなようにどんどん読み進めさせることが「英語嫌い」にさせない方法かもしれません。しかし、**「多読」の効果を高めるためには、保護者が音読をそばで聞いてあげる、内容確認の質問をするといったサポートが必要**になります。

「多読」という字のイメージから、とにかく多く、次から次へと新しい本を与える、少しでも多く読ませることがよいと思ってしまいがちです。しかし「おうち英語」での子どもの多読では、ほんの少し親が介入して理解しているかの確認をしながら、少しずつレベルアップさせていくことが大切になります。

第6章 「バランス・タイプ」のおすすめおうち英語

Check

多読のレベル、どう判断?

「おうち英語」で「多読」に取り組んでいる方が、多読で次のステップに上がる判断をどうされているか、Xのアンケート機能でうかがったところ、64名の回答がありました（2023年12月実施）。

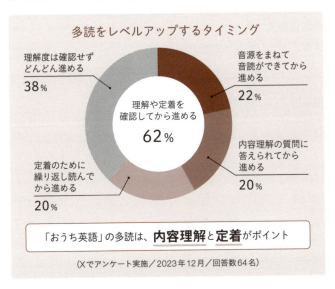

（Xでアンケート実施／2023年12月／回答数64名）

「音源をまねて音読ができてから進める」「内容理解の質問に答えられてから進める」「定着のために繰り返し読んでから進める」の回答を合わせると、6割以上の方が「子どもと会話しながら読む（ダイアロジック・リーディング）」のように、「理解や定着を確認してから進める」ことを意識していることがわかります。

「おうち英語」の多読は、どんどん進めるのではなく、内容理解のチェックをしてから、次のステップに進めることが大切になります。

アプリ
(100冊本メソッドランキング17位)

> POINT
> - 子どもの興味に合わせてつくり込まれたアプリが多数
> - 手軽に利用できるが、レベルに合うか、無駄な操作がないかなどをチェックした上で活用する

便利なアプリが増えている！

　子どもの関心を引きつけるように上手につくり込まれたアプリは、子どもがひとりでも直感的に操作ができ、正解するとキラキラと魅力的なアイテムが付与されるなど、英語学習へのモチベーションを保つことができる仕様になっています。パソコンやタブレット、スマホなどで簡単にアクセスができるアプリは、**忙しい保護者にとって「おうち英語」の救世主**かもしれません。

　多読やフォニックス、語彙習得など個々の学習に特化しているアプリ、あるいは幅広く総合的な英語力のアップをめざしているアプリなど、目的を語学学習に絞ったとしてもたくさんの種類があります。また、単なる語学学習ではなく、「英語」で算数・理科・社会を学べるアプリなどもあります。アプリの種類はどんどん増えている印象です。

　ただ、多種多様なアプリが次々とリリースされる一方で、サービスが終了したり仕様が変更されたりと、変化が激しいのもアプリの特徴

「バランス・タイプ」のおすすめおうち英語　第6章

でもあります。最近(2024年夏時点)、SNS上で人気の英語で学ぶアプリをいくつかご紹介します。

【多読用】
- **Oxford Reading Club**
  (英国Oxford University Pressのリーダーを1000冊以上読める「Oxford Reading Club」会員のみ利用可能)
- **Kids A-Z**
  (英語圏の小学校でよく利用されている電子図書館Raz-Kidsのアプリ)
- **Epic:Kid's Books and Reading**
  (英語圏の小学校でよく利用されている子ども向け電子図書館)

【フォニックスなど読みと綴りの準備用】
- **Jolly Phonics Lessons**
  (英国Jolly Phonicsのアプリ)
- **Reading Eggs - Learn to Read**
  (豪州ABC社Reading Eggsのアプリ)

【総合アプリ】
- **Khan Academy Kids**
  (完全無料で多種多様な学習内容)

私も2歳の孫と多読用のアプリ「Kids A-Z」でたまに絵本を読んでいます。アメリカの1万校以上の公立小学校で、毎日の宿題に利用されているアプリです。

学習者のレベルに合わせて細分化されたステージから本を選ぶことができ、内容で対象絵本を絞り込むことも可能です。本がカバーする内容は、子どもの日常生活から一歩踏み出して、空港や農場、宇宙や海洋など、幅広い知識が身につけられることも売りのひとつです。ただ、絵や内容が古くさい、音声が電子的で平板などの指摘もあります。

子どもと
アプリ学習の注意点

　アプリはたしかに手軽で便利なツールですが、注意すべき点もいくつかあります。まず、**1つのアプリだけに学習を丸投げしても、子どもの英語スキルがいきなり爆上がりするようなことはありません**。例えば、漢字アプリだけを使っていても、国語力が総合的に上がるわけではないのと同じことです。

　またアプリの中には、子どもが学習プロセスを飛ばせないしくみになっているものもあるので注意が必要です。例えば、フォニックスのターゲットになる音の絵を30回もクリックしないと次のステップに進めなかったり、すでに理解している学習内容でも、設計上スキップできないアプリもあります。

　アプリは子どもが自分自身で操作できるので、とても便利なツールではありますが、「おうち英語」に使う場合、チェックすべきポイントがあります。

- 子どもの英語のレベルに合っているか
- 過剰なクリックを要求されるなど無駄なプロセスがないか
- 子どもの興味とアプリの内容が合っているか
- （小さい子には難しい）タイピングが求められるか

　このようなポイントを保護者が事前にチェックしましょう。

第6章 「バランス・タイプ」のおすすめおうち英語

子ども用教育アプリの4つの見極めポイント

　子ども用アプリの見極めについては、専門家が以下の4点に注意すべきと述べています（＊参考資料24、25／215ページ）。「英語学習」アプリに限った注意点ではありませんが、アプリ選びの参考にしたいポイントです。

❶ 能動的な学習の促進
　簡単な内容ではなく、段階的により難しい課題が設定されていること、子どもが主体的に解答しないと次に進めない設計になっていることがポイントです。特に、子どもが創造性を発揮できるしかけがあることが望ましいとされています。

❷ 学習にふさわしい演出
　適切なフィードバックを提供しつつ、子どもの気が散らないデジタル環境が保たれているかどうかを確認しましょう。余計なアニメーションがなく、広告が表示されないことも重要です。課金すると広告が消えるアプリでも、無料版では広告が頻繁に出てくることがあります。

❸ 実社会に応用できる意味のある学習内容
　数字やフォニックスなど就学前の子どもが学ぶべき基礎的スキルを提供していて、単なる暗記学習でなく、概念的に理解できるように誘導しているかをチェックしましょう。子どもの実生活に関連する「ごっこ遊び」や、実生活で知っておくべきスキル（例えば、外出先では必

ず親の目が届くところにいるなど)が学べるかもポイントです。

❹ 子どもの社会性の育成

　子どもと保護者がアプリを使って一緒に学習し、子どもがほかの人と一緒にアプリのゲームなどに参加できることも重要です。また、アプリ上のキャラクターに対して、子どもが愛着を感じるかどうかも大事な要素です。

　アプリを「おうち英語」で使う際は、「アプリさえやらせておけば大丈夫」と安心せず、上記の4つの視点も加えて、<u>**保護者がその内容を常日頃チェックする**</u>ことが肝心でしょう。アプリに英語学習を丸投げするようなことはせず、スパイス的に「おうち英語」に取り入れましょう。

おすすめ 03 英会話スクール、英語塾（対面）
（100冊本メソッドランキング7位）

> **POINT**
> - 「9歳の壁」にぶつかったら外部サービスを取り入れる
> - テキストの内容、宿題の有無などを事前に確認
> - スクールで学んだことを家庭内でも意識させる

9歳の壁は「英会話スクール、英語塾」で乗り切る

1章でもふれたように、子どもの自我が強くなる**「9歳の壁」前後に、これまで親子で取り組んできた「おうち英語」に外部サービスを取り入れる保護者が増える**ようです。英会話スクール、英語塾を推す100冊本の著者は16名いました。

『わが子を「英語のできる子」にする方法』（大和出版）では、「週に1〜2日、1回1時間程度のスクールに通ったところで、それだけでは英語は身につかない」ことを理解した上で活用すべきとしています。

実際、私の周りのおうち英語の仲間も、結局は「英会話スクール」を利用しています。外注先の選び方はご家庭それぞれではありますが、仲間や先輩がすすめるポイントは、「テキストがカリキュラムに沿って作られていること」「年齢分けのクラスではなく実力でクラスが分かれていること」「毎回宿題が出て『おうち英語』で取り組むことが復習になること」などでした。

この3つは「いい英会話スクール、英語塾」選びに大切なポイントでしょう。ただしきちんとしたテキストがあったとしても、それが自身の子どもに合っているかどうかの見極めも必要です。また、レベル別のクラス編成が望ましいですが、同じクラスの子ども同士の相性も大事になります。

　さらに宿題については、有無だけではなく、提出して終わりなのか、しっかり添削してくれるのかなど、フォローアップの体制がどの程度整っているかも事前にチェックしておきましょう。

小さい子ども向けのスクールの場合

　最近は小さな子ども向けの英会話スクールや英語塾も増えていて、親子で一緒に参加するケースも多くなっています。小さい子どもの場合は、授業というより、先生と一緒に遊んだり、本を読んだりすることがメインとなります。

　私も孫をネイティブ・イングリッシュ・スピーカーが主宰する小さな英会話スクールに通わせています。スクールを利用する際には、通っておしまいではなく、以下のように、学んだ内容を家庭でもちょっと意識して生活に取り入れると、小さい子どもの英語がもっと伸びる可能性がありそうです。

▶習ったフレーズや語彙を家で復習
　家庭での遊びの時間に、レッスンで習った英語の単語を使ってみる

> ▶ **片付けなど決まった動作で英語の歌やフレーズを使用**
> レッスン中に歌った"Clean up song"などを家でも歌う
> ▶ **ほめ言葉を英語に**
> レッスンで先生が使った"Great job!"や"You did it."程度でいいので、家でも言ってみる

　1週間に1回のレッスンだけでは、小さい子どもは学んだことをすぐに忘れてしまうので、家庭で工夫ができるとよさそうですね。

　また、親子参加のレッスン中に保護者が子どもに日本語を使ってしまうと、せっかくの「ネイティブ・イングリッシュ・スピーカーとの日常の場」の雰囲気が失われてしまいます。できれば保護者も日本語は使わないで、一緒に英語を学んでいこうという姿勢が求められるかもしれません。「こういう場合、英語で何と言えばいいのか」と保護者が迷うことがあれば、思い切って先生に質問してみてもいいでしょう。

DWE（Disney World of English：ディズニー英語システム）
（100冊本メソッドランキング19位）

根強い人気で利用者多数

　バランス・タイプの保護者の方に向くと思われるのは昔からある「DWE（Disney World of English：ディズニー英語システム）」です。こちらは「おうち英語」界隈では知らない人はいない有名教材で、100冊本の著者でも使っている方が複数いました。

　価格が高いこともあり、いろいろな意見はありますが「英語で英語を学ぶ」教材として、根強い人気があります。入手方法もさまざまで、正規で購入してイベントや電話レッスンなどに参加する権利を得るのか、あるいは中古で必要な分だけ買い求めるのか、いろいろなご家庭があるようです。

　DWEには、ディズニーランドのホテルでの卒業パーティーや合宿など、子どもや保護者に人気の企画もあって、ステップアップすると色別の帽子がもらえるなど楽しいしかけが盛りだくさんです。イベントは特に人気で、DWE教材の学習内容を演者がパフォーマンスを通して見せることで、教材の語彙や歌、文法事項などが着実に定着するとされています。また、イベントの演者へ、英語で書いた手紙を渡せるファンサービスが、子どもが積極的にライティングに取り組むモチベーションになる場合もあるようです。

　熱狂的なファンがいる一方で、価格設定や映像や音楽の内容、使い方や効果について、さまざまな見解があります。「おうち英語」で実際に使用している方々の意見をSNSでチェックするといいでしょう。

第7章

「トラディショナル・タイプ」のおすすめおうち英語

定評のある英検や
文法学習にもトライ

　トラディショナル・タイプ（Traditional-Type Parents）の保護者の方は、子どもの英語力に見合ったゴールを定めて、進捗状況を細かくチェックしながらしっかりサポートできるタイプです。定評のあるメソッドや人気の試験に関心をお持ちなので、**「英検」「文法学習」「公文」**はおさえておきたいと考えている方が多い印象です。

おすすめ 01　英検（実用英語技能検定）
（100冊本メソッドランキング11位）

 POINT

- 低年齢からの受験も増加中、
  「おうち英語」に取り組む保護者の7割が英検推し
- 試験問題のアップデートへの対応が必要
- 低年齢での受験には日本語の難しさや文法理解も障壁に
- 早く受ければいいというものではないので、あせらずに

みんな大好き！「英検」

　現在、子育て中の保護者の方も一度は受けたことがあるであろう「英検（実用英語技能検定）」。1963年にスタートした財団法人 日本英

「トラディショナル・タイプ」のおすすめおうち英語　第 **7** 章

語検定協会の「英検」は、これまで準2級と2級の間に高い壁があるといわれていました。**2025年に新設の級「準2級プラス」ができる予定で、ますます人気が高まりそう**です。

最近は英検受験の低年齢化が進んでいて、SNS上では小学生のうちに英検2級や準1級に合格するスーパーキッズも見かけるようになりました。子ども向けの英語教材会社や英会話スクールでも「英検受験」クラスを設けているところも少なくありません。

英検に注目が集まるわけ

このように人気の英検ですが、ここ数年、「おうち英語」の保護者が英検に注目しているポイントは以下の通りです。

- 受験に利用が可能な中学校が増加
- 入試に利用が可能な大学が増加
- 試験問題の改定で新たな準備が必要
（2024年第1回から3級以上のライティングが1問から2問に変更）

ひとつには、高校受験だけではなく、**中学受験でも英検ホルダーが優遇される学校が出てきていることが、「おうち英語」世代の保護者の英検人気に拍車をかけているよう**です。英検を持っていると入試に加点されるシステムの中学校もあって、中学受験の勉強が本格的にはじまる前に、できるだけ上の級を早めにとらせようと考える保護者も増えています。ただし、中学校によっては「3年前までの受験結果」などと制約もあるため、最新情報のチェックは欠かせません。

また英検のスコアによって試験の一部免除など、英検利用ができる大学や学部も増えています。有名大学の入試でも英検利用が導入されており、例えば慶應義塾大学では2025年度の文学部の一般選抜から英語の外部試験として「英検のCSE総合スコアが2500以上（受験級および合否結果は不問）」であれば利用可能になりました。英検のウェブサイトによると英検CSE総合スコアは、ユニバーサルなスコア尺度CSE（Common Scale for English）を英検の各級で表記した値で、国際標準規格のCEFR（セファール）にも対応している指標です。要するに受験者の英語力をより正確に測れる指標です。

　さらに、**2024年度第1回の試験から、3級以上の級においてライティングの設問が増えた**ことは大きな話題となりました。従来、英検のライティングは「英検構文」とも呼ばれ、「パターンを覚えればある程度なんとかなる」とされてきました。しかし今回、1級・準1級・2級には従来型の「意見論述」に加えて「要約」問題が、また準2級・3級でも「意見論述」に加え「Eメール」問題が追加されました。

　追加された「要約」問題には少し対策が必要です。要約にはある程度パターンがあって、「元の文章の内容を変えない」「元の文章の単語を使わず言いかえる」「文章の展開をわかりやすくするつなぎ語（例えばthereforeやfurthermoreなど）を適宜入れ込む」などのコツを意識すると良い結果につながります。
　家庭では、例えば、記事の要約が掲載されているジャパンタイムズの初級者向け英字新聞"The Japan Times Alpha J"を活用して準備するといいでしょう。「Eメール」問題は、メールの意図をとらえて、的確な返信を制限語数内で簡潔にまとめる練習が必要です。

第 7 章 「トラディショナル・タイプ」のおすすめおうち英語

保護者の7割が英検推し

　英検の注目度は高まっていますが、「おうち英語」に取り組む方はどのくらい英検に関心を持っているのでしょうか。Xのアンケート機能で英検について質問したところ、「おうち英語」に取り組む未就学児から小学2年生の保護者224名、小学3年生から6年生の保護者134名に回答いただきました（2023年10月実施）。

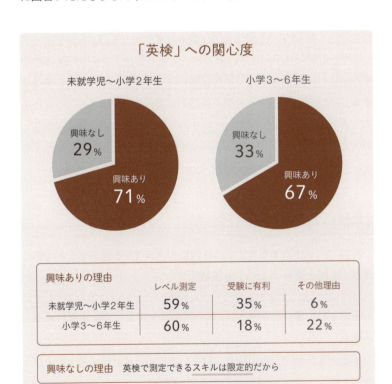

グラフにもあるように、**子どもの年齢を問わず約7割の方が英検に興味を持っている**という結果でした。また、そのうちの**約6割が「英検で子どもの英語力のレベルが測れること」に魅力を感じている**ということがわかりました。

このような昨今の英検人気の裏には、「おうち英語」の指南書の後押しもあるようです。例えば、おうち英語界隈のバイブルとしてよくSNSで紹介されている『世界で活躍する子の〈英語力〉の育て方』(大和書房)では、「『小学5年生までに英検2級合格』を当面の目標にしましょう」と書かれています。さらに「英語の本がスラスラ読める力が育っていれば、英検などの資格試験は特に対策をしなくても合格できます」と「おうち英語」で伸びる英語力に言及しています。こうした本の影響などもあり、英検の上のレベルの級を小学生のうちに取得しておきたいと思う「おうち英語」の保護者が増えているのかもしれません。

英検の試験の特徴6点

英検は人気ではありますが、**意外にもアンケート回答者の約3割の方が「英検に興味がない」を選択**しています。英検が英語の4技能(リーディング、ライティング、スピーキング、リスニング)のスキルのすべてを正確に測定できるわけではないことを、その理由に挙げています。

従来型の英検の試験の特徴として、よく知られているのは次のような点です。

- 日本語を介した試験問題（上のレベルの級の設問は英語）で漢字にふりがなが付いている級もある
- 日本の規範や日本的発想をもとに作成されている試験問題である
- リスニングのセクションが比較的簡単で得点しやすい
- ライティングのセクションが特徴的で「英検構文」といわれるパターンが使えて配点も高い（改定で要約などが加わったことで若干変化）
- 英検特有の試験の型を事前に学ぶことで点数アップが比較的容易である
- 低年齢受験者はライティングで目標語数などの制約を理解できているかのチェックと練習が必要

　これらの特徴から、「パターンの暗記」で乗り切れる部分がある試験であるということが、なんとなくおわかりいただけると思います。言いかえれば、英検はある程度の「訓練」でパスできる試験なので、日本の伝統的な英語学習方法の「型の暗記」が効く印象です。

　そのため、従来の「型の暗記」英語とは異なる方向性をめざして、英語のリスニングや語りかけ、読み聞かせなどの「おうち英語」に注力してきた一部の保護者の中には、英検受験が魅力的には思えないという方もいるようです。

低年齢の英検受験準備

過熱ぎみの英検受験ですが、5級から3級までは問題文や説明文は日本語で、難しい漢字にはふりがなが付いているので、小さい子どもでも受験しやすくなっています。

受験方法も多様化していて、従来型の紙媒体の試験が年3回実施される一方で、英検3級以上（1級はのぞく）であればほぼ毎週末（会場によっては平日選択も）に準会場のパソコンを使って1次試験と2次試験が同日受験できる「英検S-CBT」も用意されています。

準会場でのパソコン受験に備えて、パソコン操作に慣れるために、eラーニングやアプリを活用するのも受験準備になりそうです。英検関連のeラーニングには、例えば旺文社の教材を使って学べる「英検ネットドリル」などがあります。

また、**小さい子どもが英検を受験する際は、英語絵本の多読などでは「あまり出てこない表現」が試験には出てくることがネックになる**という指摘もあります。私の子どもも、小学3年生で2級を受験したときは、1年間海外のインターに通っていた素地はあっても、英検独特の単語を知りませんでした。そこで、過去問を私がチェックし、未知の単語をあらかじめピックアップして、英絵辞典などで一緒に調べることで定着させました。5章で紹介したように、絵で単語を覚えられる英絵辞典は、英検受験にも役立ちました。

小さい子どもが英検の上級レベルをめざすには

では、具体的にどうすれば英検の上級レベルに受かる可能性があるのでしょうか。小さい子どもが英検の上級のレベルをねらう場合は、英語の実力とは別に、**試験に出題される難しい概念そのものの理解が、母語（日本語）でしっかりできているかのチェック**が必要になります。例えば、「地球温暖化」や「SDGs」「税金」「AIロボット」「政府」「キャッシュレス決済」など、子どもには難しく、日本語でも説明ができない用語が出題される可能性があります。保護者が子どもにわかりやすく説明した上で、適切な英単語を覚える準備が欠かせません。

英検に対する取り組みを紹介している本は多数出版されていて、小学校高学年で英検1級に合格した体験記『小学校は公立小！帰国子女じゃないけど 双子小学生 英検1級とれちゃいました』（日本能率協会マネジメントセンター）では、日本語を介さず"Time"を読んで情報をアップデートしたり、海外ニュースやNHK WORLD-JAPANで、英検で扱われる時事問題に慣れる機会を持つといった学習法が紹介されています。くわえて、過去問を何度も繰り返すといった地道な対策も必要になります。

小さい子が英検受験する際の当日の注意点

「おうち英語」で人気の本『お金・学歴・海外経験3ナイ主婦が息子を小6で英検1級に合格させた話』(朝日新聞出版)では「幼児が英検を受験するときの注意点」として座布団を用意したり、セロハンテープで受験票を留めるといった工夫が紹介されています。

私の子どもが小学3年生で英検2級を受験したときを思い返すと、受験会場が中高一貫校の校舎で、椅子に座っても足が届かずぶらぶらさせていたので、前の席を蹴飛ばしたりしないように言い聞かせ、机の音を立てないようにはがき程度の厚紙を持っていって床との間に挟みました。また、いまと違って保護者の待合室もなかったのですが、なにかあった場合は不安だろうと「試験の間は入り口にいるからね」と伝えて、校舎の玄関で試験が終わるまで待っていました。

英検受験でおさえておくべきポイント

低年齢での英検の上位級の受験準備に対して、「難しい概念を小さい子に教えてまで受けさせる必要があるのか」という意見はよく耳にします。上の級になると母語(日本語)である程度の内容を理解しておかないと、わからない単語がかなりの割合で出題されるので、精神的にも知的にも「おませさん」でないとパスするのはなかなか難しいでしょう。

また「おうち英語」で、せっかく英語で考える力が身についてきた

第7章 「トラディショナル・タイプ」のおすすめおうち英語

ところに、**日本語を介する英検の練習に注力しすぎると、「英語を英語で理解」するスキルが落ちてしまうという懸念**もあります。

実際、私も英検受験のための学習の相談を受けますが、せっかく英語の音やイントネーション、フレーズなどをインプットして「英語を英語で理解」できているときに、英検で好まれるとされる独特な構文を暗記する試験対策に時間を割きすぎると、ネイティブ・イングリッシュ・スピーカー的な「英語に対する感覚」が少し抜けてしまう子どもを見てきました。

私自身は、総じて資格試験はギリギリで受かってもあまり意味がないと思っています。しっかり95％以上の正解でないと次の級に必要な基礎力がついていないことになるという意見には賛成です（『バイリンガルは5歳までにつくられる』／幻冬舎）。ですので、特に子どもに英検受験を急がせる気持ちはなく、語彙力アップのための手段のひとつと考えていました。

人気の「英検」受験に早めに取り組むか、英語力が十分に伸びた段階で上の級の合格をめざすのかなどについては、英検向けの勉強と子どもの相性に加え、中学・高校・大学の入試で英検利用が広がってきたことなど、最新情報に常にアンテナを張ってよく検討する必要があるでしょう。

文法学習
(100冊本メソッドランキング12位)

POINT

- 文法は大事だが、文法中心の学習は昔の話
- 明示的な教え方と暗示的な教え方がある
- 文法学習には子どもの認知能力や年齢に合った指導が必要
- 早ければいいとは限らない。文法指導はあせらない

親世代の文法中心の学習はいまははやらない?!

　子どもの早期英語に取り組む多くの保護者が、小学校での英語授業、もしくは中学校での本格的な英語教育がはじまる前に英語にふれることで、ある程度まで「英語力」を伸ばしておきたいと思っていることは間違いないでしょう。ただし、その「英語力」が何を指すかは、保護者によって考えが異なっていて、英語の4技能(リーディング、ライティング、スピーキング、リスニング)すべてのスキルアップと英語圏の教育機関での専門知識獲得をめざして10,000語彙は必要と想定する方もいれば、日常会話を不自由なくこなせる3,000語程度の語彙力(『最新の第二言語習得研究に基づく 究極の英語学習法』/KADOKAWA)の習得で十分と考えるご家庭もあるでしょう。

　どのような**英語力を想定しているにせよ、英文法の理解は、英語力アップに欠かせない**ポイントです。そうであっても、「おうち英語」に

取り組む保護者に話を聞くと、「英語は好きだったけれど、文法が苦手だった」「細かい文法よりももっと英会話を学びたかった」という方が意外と多いものです。

『ほんとうに頭がよくなる 世界最高の子ども英語：わが子の語学力のために親ができること全て！』(ダイヤモンド社)では、親世代が受けてきた「文法や読解中心の英語教育（文法訳読法）」が古い教授法であると指摘しています。自分たちが受けてきた英語教育が、英語でのコミュニケーション能力の伸びをさまたげる元凶だったのではという懸念をいだいている保護者もいるようです。

子どもの文法学習は認知的能力の発達が鍵

では、文法訳読法ではない、どのような文法教授法が早期英語にふさわしいのでしょうか。

そもそも年齢の低い子どもの場合は、**英文法のような複雑な内容を学ぶための認知的能力がまだ発達段階であるために、英語の文法ルールを「明示的」に教える方式**を採用しても、理解が難しいことがわかっています（前出『最新の第二言語習得研究に基づく 究極の英語学習法』）。

明示的な学習とは、例えば「今日は、knowやresembleなど、ずっと継続している状態を表して、通常は進行形や命令形にならない『状態動詞』を学びましょう」などと説明することを指します。たしかにこれでは小さい子どもには理解が難しいでしょう。

一方、明示的ではない方法、すなわち文法を「暗示的」に教える方法は、**学習する文法事項をはっきりと示さず、文章の中にまぎれこま**

せてフレーズやかたまりで自然と使わせたり、それとなく教える方法**
です。

> ▶**文法を明示的に教える**：学習する項目をはっきりと示して教える
> ▶**文法を暗示的に教える**：学習する項目をはっきりと示さず、文章の中にまぎれこませるなど、それとなく教える

　子どもには「暗示的」な指導がよいとする意見もあります。ただ、ネイティブ・イングリッシュ・スピーカーの子どもが4歳くらいまでに英語の基本的な文法知識を習得するためにかかる時間数が、17,520時間程度とされています（前出『最新の第二言語習得研究に基づく 究極の英語学習法』）。時間に限りがある「おうち英語」で、「暗示的」に、つまりターゲットになる文法事項をはっきりと示すことなく、文章の中に入れ込んで自然と使えるように誘導するような文法教授法では、ネイティブ・イングリッシュ・スピーカーの子どものレベルまで到達することはなかなか容易ではないとも言えます。

子どもへの文法指導はあせらずに認知能力や年齢によって変化させる

　明示的、暗示的どちらの文法の教え方が好ましいかについては、子どもの年齢によって意見が分かれるところです。

　明示的な文法ルールの習得には、先にふれたように**子どもの認知能力がある程度必要なことから、子どもの年齢が重要なポイント**となるでしょう。前出の『ほんとうに頭がよくなる 世界最高の子ども英語：

「トラディショナル・タイプ」のおすすめおうち英語　第7章

わが子の語学力のために親ができること全て！』では、10歳以下とそれより年齢が上の子どもでは、文法の教え方は変化させたほうがより定着するとしています。

　確かに、**文法学習には子どもの認知能力にあった指導が必要**で、現場の英語教員は工夫を凝らして対応しています。私自身も娘の英語保持伸長に際して、認知力がアップして、抽象的な概念などが理解できる「9歳の壁」(27ページ) は意識していて、小学校中学年以上では、文法ルールをあらかじめ提示して明示的に文法学習を進め、効率よく習得することを心がけていました。

　一方で、年齢が低い時期には、文の中にターゲットにする文法事項をさり気なく仕込む、暗示的に教える方法のほうが効果的でした。92ページで紹介したエマちゃんの保護者の方も、同じようなアプローチをされていました。

　ただ、**さまざまな文法項目を理解しても、それを体系的に自分の中で組み立てて、アウトプットに役立てられるかはまた別の話で、個人差が大きい**ところです。例えば、英語講師仲間のお子さんは、小学校低学年から文法学習を「明示的」にこなし、難しい文法問題集をコツコツ解いて、英語力を着実に上げていました。子ども自身の認知力が高ければ、文法訳読方式の学習がスムーズに進むケースもあるようです。

　認知力の有無も含め、年齢差、個人差が大きいので、**「おうち英語」での文法指導はあせりすぎないことが大切**だと思います。

公文
(100冊本メソッドランキング19位)

プリントの自学自習が基本

　先取り学習の公文式英語を「おうち英語」の取り組みに入れているご家庭も多いようです。100冊本の著者4名が公文をすすめています。

　公文式の英語は公文式算数や国語と同様、プリントの自学自習が基本です。
　実際に公文式英語を使っていた方に、おすすめのポイントと保護者のサポートが必要なポイントをうかがいました。あくまで個人の感想ですが参考までにご紹介します。

●公文式英語のおすすめポイント
・E-Pencil(音声ペン)で音声確認が可能
・単語・文法・長文読解までスモールステップで学習ができる
・「書きに強い」公文は、「おうち英語」や「プリスクール」でリーディングやスピーキングが得意な子どもの補助教材として良いレベル感
・「おうち英語」から中学の文法の橋渡しに良い内容
・真面目に音読に取り組めば、語彙やフレーズをかたまり(チャンク)で覚えて暗記しているため、スムーズに文章を書けるようになる
・文法事項(三人称単数や規則動詞、不規則動詞、否定文、進行形、疑問形など)をしっかり学習できる
・原書を読むことへの橋渡しができる
・対訳が付いていることで、難しい単語も推測しやすい
・社会や理科の内容を英語で知ることができる

第7章 「トラディショナル・タイプ」のおすすめおうち英語

Check

- 先取り学習で興味の幅が広がる
- 日本の教育に沿ったたしかな学習内容
- 英検に強い

● **公文式英語で保護者のサポートが必要な部分**
- 英語教材も国語や算数同様に自学自習で進めるため、基本的に保護者が家庭で英語プリントを管理
- プリント学習メインで、E-Pencilで発音チェックをするだけなので、スピーキング力がつかない
- 音読が重要なポイントだが、保護者が付き添ってチェックする必要がある
- 適当に答えを写して進んでいないか、英作文を暗唱できるか、日本語から英作文ができるかなど保護者のチェックが必須
- 終了テストは簡単なので習熟度の目安になりにくい
- 長文読解が売りなのに子どもは対訳を読みがち。保護者が横についてチェックする必要がある
- 伝統のある公文の文法ドリルは少し古風なので、子どもが飽きないようにサポートする必要がある
- ドリルの英文が少し古風(Please sit down.など)なので、その点を保護者が意識しておくとよい
- 小3以前は自力でプリントを読んで文法を理解することが難しいため、保護者の伴走が必須である

「公文」に取り組む方は、音声面のインプット、アウトプットの不足を感じがちで、並行してオンライン英会話に取り組む方が多いというお話でした。

Tips 「おうち英語」にかかる費用は?

「おうち英語」を「自宅で取り組む早期英語教育」に限定すれば、コストをかけずに手軽に行えるものもあります。ただ本書での「おうち英語」は、子どもの英語力を育むために保護者や周囲の大人がサポートする「早期英語のすべての取り組み」を指しているので、家庭外の活動も含め、さまざまな方法やアクティビティがあり、かかる費用にも幅があります。

そこで「おうち英語」にかかる費用の目安をまとめてみました。あくまで私が調べたごく限られた例なので、参考までにごらんください(料金の目安は2024年9月時点、筆者の調査による一例)。

▶工夫すればほぼ無料でできる「おうち英語」

手づくり教材を作成する「内職」作業が苦にならない方、時間を捻出するのが上手で工夫して無料教材・無料アプリを探す気力のある方だと、小さいお子さん向けの「英語音源のかけ流し」や「英単語絵カード」などはコストをかけず、ほぼ無料で行うことも可能です。

- **○英語絵本の読み聞かせ** → 図書館、古本を利用すればほぼ無料
- **○英語音源のかけ流し** → Amazon Music、YouTubeなどを活用
- **○プレイデイト(PD)** → 保護者が企画運営して英語で遊ぶ「プレイデイト」の多くは無料。会場代や材料費などの実費はかかる場合も
- **○英単語絵カードなど教材を手づくり** → 自分で描いたりネット上の無料教材をダウンロードすればほぼ無料。加工にラミネートシートやラミネート加工機を使えばより本格的

▶ある程度の費用がかかる「おうち英語」

家庭で市販教材を使う場合、教材を揃えるための初期費用は予想よりかかることもあります。動画視聴やアプリのサブスクは料金が安いからといって、あれもこれもと増やすと意外と費用がかさむかもしれません。

- **動画視聴のためのサブスク** → Disney Plus、Netflix など 1,000 円〜1,500 円／月程度
- **アプリやウェブサービスのサブスク** → アプリ「ORC (Oxford Reading Club)」は月 990 円〜、「Raz-Kids」は年 1,500 円程度〜、ウェブサービスは高額になる場合も
- **英語絵本の読み聞かせ** → 古書ではなく新たに購入すると 1,000 円〜4,000 円／冊程度
- **音声ペンや音声対応教材** → 1 万円程度のものから 5 万円など高額なものまで
- **日本企業の提供するパック教材** → （一例として）ベネッセの 0 歳・1 歳からの All English 教材「こどもちゃれんじ My First English」は 2 年視聴で教材一括約 6 万円、サンリオの 0〜8 歳からの All English 教材「Sanrio English Master」は一括約 34 万円
- **高額パック教材のリユース版を利用** → 人気の DWE (Disney World of English) を中古サイトなどで購入する人も。セット内容にもよるが 5 万円程度〜

▶ややお高くなる外注メインの「おうち英語」

定期的に子どもが英語のインプットやアウトプットをする機会を用意するには、保護者のサポートのもと「外注」も必要です。外部サービスを利用するとある程度のコストはかかります。幼稚園や保育園がオプションで行うような英語クラスは、比較的手ごろなケースもあります。

- **幼稚園・保育園などの英語クラス** → 8,000 円〜1 万円／月程度
- **英語を使ったスポーツおけいこ** → 例えば体操、サッカーなど 8,000 円〜1 万 5,000 円／月程度
- **オンライン英会話** → （一例として）「DMM 英会話」毎日 1 レッスン 6,980 円〜／月、「ネイティブキャンプ」月 8 回レッスン 5,450 円〜／月、「QQEnglish」週 1 レッスン 2,980 円〜／月
- **英語学童** → 週 2 日 40,000 円〜週 5 日 80,000 円／月など

- **英語シッター** → 2,500円〜5,000円／時間など。最低3時間からなど細かいルールがある
- **オンラインの個人レッスン** → 講師がネイティブ・イングリッシュ・スピーカーの場合は週1回7,700円〜12,000円／月程度。ノンネイティブだと料金が下がる傾向
- **英会話スクール対面グループレッスン** → 6,000円〜／月程度
- **英会話スクール対面個人レッスン** → 6,000円〜40,000円／月程度
- **国内英語サマースクール** → 小学生5日間で9万円など
- **保護者向け英語コンサルタント** → 4,000円〜6,000円／月程度

▶かなりお高めの「おうち英語」

　一括して支払うとかなりの額となる教材もあります。また海外のサマースクールやキャンプは、30万円程度（航空券・宿泊費は別途）から、すべて込みで300万円など費用もサービス内容もさまざまです。

- **英語教材** → 人気のDWE（Disney World of English：ディズニー英語システム）は一括約100万円（教材セットをすべて揃えると月5,800円〜）、イベント参加などもある
- **海外サマースクール・スポーツキャンプ** → NIKEテニスキャンプ参加費のみ30万円／週程度、ハワイ2週間サマースクール施設費用のみ30万円〜など

第8章

「デジタル・タイプ」の おすすめおうち英語

人気のオンラインゲームも英語学習に活用

デジタル・タイプ（Digital-Type Parents）の保護者は、新しいAI技術も積極的に取り入れて子どもの英語力アップに役立てるITリテラシーの高い方です。「おうち英語」にもAIやITの波は来ています。これからの「おうち英語」にはデジタル・コンテンツが必須となるでしょう。そこで本章では、SNS上で「おうち英語」に取り組む方にインタビューをお願いし、100冊本ランキングには含まれてはいない、新たな取り組みも紹介します。

デジタル・タイプにおすすめの「おうち英語」の取り組みとしては**「映像視聴」「英語でゲーム、VR」「オンライン英会話、オンラインスクール」**が挙げられます。

映像視聴
（100冊本メソッドランキング5位）

- いろいろな動画が見られる時代！ 豊富なコンテンツを通じて生の英語にふれられる
- 年齢に合ったコンテンツを探す努力を
- 小学生以上は映像視聴が英語学習のモチベーションの維持にもつながる
- 視聴についてのルール決めは必要

第 8 章 「デジタル・タイプ」のおすすめおうち英語

ネット時代で映像視聴はバラエティ豊かに

「おうち英語」で映像を視聴するメリットは、英語圏の幼児や子ども向けの質の高い映像と、実際に現地で使われているオーセンティックな生の英語にふれられることです。幼児教育系の専門家が作成した映像を、知育教材として積極的に利用するご家庭はSNS上でもよく見かけます。

私が子育てをしていた時代も親子で海外の映像を英語で楽しんでいましたが、視聴できる映像は限られていました。現在ではYouTube、Netflix、NHKの海外アニメの副音声など、幼児・児童向けのさまざまな映像コンテンツを気軽に見ることができます。

英語圏の現地の子どもが話す英語にふれられる利点もあって、映像視聴を「おうち英語」の教材としてすすめる100冊本の著者は18名いました。

幼児が映像視聴するメリット

映像を通して、英語圏の日常生活で耳にするリアルな英会話のスピードやコンテンツにふれることができます。これまでの映像での英語学習といえば、学習者向けに作成された映像を使っていたので、テーマや内容が日常生活とはかけ離れたものであることがほとんどでした。しかしいまでは、日常生活を切り取ったような動画も見ることができるようになりました。例えば、海外の同世代の子どもの歌やダンスを楽しむ映像であれば、視聴しながら一緒に歌ったり踊ったりすることで、英語独特のリズムや抑揚に慣れることができます。子ども

たちが日常会話をするような動画なら、使用頻度の高いフレーズや名詞の単数形や複数形なども自然と習得できます。

　幼少期のお子さんがよく視聴している映像コンテンツの一例は以下の通りです。

[アニメーションで歌や童謡]
- Little Baby Bum
  https://www.youtube.com/@LittleBabyBum

[著者や著名人が絵本を読み聞かせ]
- StorylineOnline
  https://www.youtube.com/@StorylineOnline

[人気キャラクターのアニメーション・ストーリー]
- Peppa Pig　https://www.youtube.com/@PeppaPigOfficial
- Numberblocks　https://www.youtube.com/@Numberblocks
- Alphablocks　https://www.youtube.com/@officialalphablocks
- Bluey　https://www.youtube.com/@BlueyOfficialChannel
- PAW Patrol Official & Friends
  https://www.youtube.com/@PAWPatrolOfficial

[ナーサリースクールの歌や工作]
- Super Simple Play with Caitie!
  https://www.youtube.com/@SuperSimplePlay

小学生が映像視聴するメリット

　動画視聴は英語学習のモチベーションの維持にも役立ちます。『世界で活躍する子の〈英語力〉の育て方』(大和書房)では、楽しく英語学

習に取り組んでいた子どもが英語学習モチベーションを失ったり、小学生になってから英語学習をスタートした**子どものやる気が次第に停滞する「6歳から10歳の間の英語停滞期」を乗り越えるために、映像視聴を推奨**しています。具体的には、アメリカの小学生に人気のアニメやテレビ番組の視聴をすすめていて、子どもの年齢や趣味に合わせて番組を選ぶとよいとアドバイスしています。

一方で、SNS上で「おうち英語」に取り組む、子どもが高学年の方にお話をうかがうと、教育番組など真面目な映像コンテンツの選択は、年齢が上がると難しくなり、工夫が必要という声が多くありました。**高学年の子どもの知的好奇心を刺激する映像は英語そのものも難しく、子ども自身の英語力が追いついていない**場合もあります。そのため、**子どもの知的レベルに合った内容と英語力のバランスをとるのが難しい**とのことでした。

こうした背景から以下に紹介する「Peekaboo Kidz」などのような、高学年向きの内容をわかりやすいアニメーション映像で説明する動画の中から、あらかじめ日本語でもよく理解できているテーマの動画を選んでいる方が多いようです。さらに、YouTubeの再生速度を遅めにして視聴するなどの工夫をすることで、少しずつ語彙やフレーズの理解度が上がって英語力もアップするということでした。英語スキルが知的レベルに追いついてくるにつれて、英語での映像視聴を通して、さまざまな教科・テーマなどを学ぶクリル体験（CLIL：Content and Language Integrated Learning：内容言語統合型学習）が、家庭で実践できるようになります。

「おうち英語」に取り組むご家庭でよく視聴されている小学生の知的レベルに合う、YouTubeチャンネルなどの一例は以下の通りです。

［アニメーションで自然科学などを学ぶ］
- **Leo the Wildlife Ranger**
  https://www.youtube.com/@LeoTheWildlifeRanger
- **Peekaboo Kidz**
  https://www.youtube.com/@Peekaboo_Kidz

［算数・理科・社会などを解説］
- **Blippi - Educational Videos for Kids**
  https://www.youtube.com/@Blippi
- **Crash Course Kids**
  https://www.youtube.com/@crashcoursekids

［動物や自然を伝える子ども版ドキュメンタリー］
- **Nat Geo Kids**
  https://www.youtube.com/@natgeokids

［科学や生物の解説］
- **MinuteEarth**
  https://www.youtube.com/@MinuteEarth

［建物やインフラのしくみを解説］
- **Practical Engineering**
  https://www.youtube.com/@PracticalEngineeringChannel

［自然や実験を学べる科学番組］
- **The Magic School Bus**
  Netflixで視聴可能

第 8 章 「デジタル・タイプ」のおすすめおうち英語

映像視聴の注意点

　ここまでは、映像視聴のメリットにふれてきましたが、デメリットについても理解しておく必要があります。100冊本では映像視聴をすすめてはいますが、映像視聴の推奨時間について言及している著者はほとんどいませんでした。視聴時間については、保護者がコントロールしやすい幼児はさておき、小学生になるとYouTubeを長時間視聴しがちであることは、保護者がしっかり理解しておくべきでしょう。**子どもは映像が好きですから、自主性に任せていると視聴をやめるタイミングを失ってしまいます。**

　長時間視聴を避けるために工夫しているご家庭も多く、あえてDVD版を導入して、関連動画が出続けるYouTubeは避ける、保護者のパソコンから決められた時間だけ視聴を許可する、タイマーをかけるなど、「約束事を最初に決めた」というご家庭もありました。

　また、専門家は、情報処理の力が十分でない年齢の子どもに見せる映像は、映像がシンプルかどうか、子どもの生活に関連したテーマかどうか、言葉がはっきりしてゆっくりしたテンポかどうか、といった点に注意して映像コンテンツを選択するとよいと述べています(『子どもの見ている世界：誕生から6歳までの「子育て・親育ち」』／春秋社)。

　上記の著者の内田伸子先生の講演で、先生が監修に関わった子ども向けの映像のポイントをうかがったことがあります。例えば、ボールが転がる様子であれば、それを丁寧に追って最初から最後まで見せるようにし、子どもの生活で実際に起きることをカットせずにそのまま表現することが、大切と解説されていました。私も孫に映像を見せる

ときは、少し面倒ではありますが、事前に内容をチェックするよう心がけています。

さらに、映像を視聴するときには、子どもがひとりで映像を見て、**親子の会話が減少しないよう、親子で映像を見る「共同視聴」をすることで、会話を増やしコミュニケーションのきっかけとすべき**という意見もあります（＊参考資料26、27／215ページ）。

親が手を離せないときに、子どもにタブレットやスマホを渡して英語の動画を見せておくという方も多いかもしれません。しかし、子どもがひとりで動画を長時間見ているだけでは、語学は身につかない可能性が大きいとされています。

子育てに仕事にと、毎日スケジュールがタイトな保護者の方が子どもと映像を共同視聴することは、現実的には難しいかもしれません。ただ一緒に視聴することが難しければ、作業しながら子どもに声かけをしたり、内容について質問したり、子どもからあらすじを説明してもらったりするだけでも、共同視聴に近づけるでしょう。動画をきっかけにした親子の会話が、英語力向上にもつながっていくはずです。

第8章 「デジタル・タイプ」のおすすめおうち英語

英語でゲーム、VR

POINT

- オンラインゲームで英語を学ぶのが最新トレンド?!
  専門の英会話スクールなども登場
- 子どものモチベーションは上がる、楽しんで学べる
- ラフな会話のチャットやスラングには注意が必要
- ゲームに没頭しないよう利用のルールも必須

新しいアプローチ
英語でゲーム、VR

　最近の「おうち英語」のトレンドは、ゲームを通じて英語力を上げよう、という取り組みです。**eスポーツを英語学習に取り入れたスクールやサービスなども出てきています。**
「おうち英語」にゲームを上手に取り入れている方にお話をうかがうと、小学生、特に男子児童が一番興味を持つコンテンツであるゲームを活用すると、モチベーションが上がって英語のスキルアップが望めるとのことでした。
　以下のようなゲームが人気で、英語モードのままプレイすれば**英語の指示に従いながらゲームを進めていくことになり、自然と英単語が頭に入ってきます。**楽しみながら、英語のスキルも上がりやすいと、保護者の方もポジティブな感想を持っているようでした。

・**Minecraft（マインクラフト、マイクラ）**

　ブロックを使ってさまざまな世界（ワールド）をつくり上げるサンドボックスゲーム（sandbox game）といわれるジャンルのゲームです。自分のワールドをつくる以外に、チャット機能でプレイヤー同士が交流できます。世界中でプレイされているゲームですから、チャットで英語でつながることもできます。

　またマイクラは教育版もあり、プログラミング学習にも使えるので、英語とプログラミングを指導するツールとして教育現場でも使用されています。

・**FORTNITE（フォートナイト）**

　最後のひとり（またはチーム）になるまで戦うアクションゲームです。最大100名のプレイヤーが島に降り立って、武器や資材を集めて戦います。建造物などを利用して敵から身を守るために協力が必要です。

　マイクラとフォートナイトは世界中にユーザー、プレイヤーがいる人気のオンラインゲームなので、ゲームをしながら英会話を学ぶスクールの教材として使用されることもあります。

・**Roblox（ロブロックス）**

　Robloxはオンラインゲームのプラットフォームです。提供されているゲームはアドベンチャー、アクション、シミュレーションなど種類が豊富で、基本無料となっています。参加者は自分のアバターをカスタマイズして、ほかの参加者（フレンド）と交流します。英語表示にすればフレンドとはテキストチャットや音声チャット（ボイスチャット：ボイチャ、13歳以上のユーザーが使用可）でゲームを進めることができます。年齢制限があるゲームもあります。

「デジタル・タイプ」のおすすめおうち英語　第8章

　Robloxで提供されているゲームのうち、「おうち英語」のご家庭で英語学習を兼ねてプレイされているのは「**Numberblocks**」「**Cook Burgers**」「**Rainbow Friends**」「**DOORS**」「**Wired Strict Dad**」「**A Dusty Trip**」などでした。

　そのほか、人狼ゲームの「**Among Us**」（アモングアス、アモアス）や「あつまれどうぶつの森」の英語版「**Animal Crossing: New Horizons**」、ポケモンの英語版「**Pokémon**」などのゲームが、「おうち英語」のご家庭で利用されていました。

英語でゲーム メリット&デメリット

　インタラクティブなゲームを同年齢のネイティブ・イングリッシュ・スピーカーと取り組むことで、スピード感あふれるリアルな英語にふれられます。保護者の方へのインタビューを通じてわかった、ゲームで英語を伸ばす取り組みのメリットや効果は以下の通りです。

「英語でゲーム」のメリットと効果

- ものおじせず英語の会話に参加できる
- 日常の会話スピードが上がる
- はやりの言い回しが学習できる
- 自然な発音が身につき、リスニング能力も上がる
- 総合的な英語力が上がって、読む力も伸びる
- ゲーム上で協力してタスクに取り組むため、コミュニケーション能力がアップする

大好きなゲームが教材となるので、保護者が指示をしなくても自ら主体的に取り組む子どもが多く、ゲーム中のチャットでも話が尽きないこともあるそうです。

　一方、ゲームを英語を伸ばす取り組みに活用する上では、デメリットもあります。実際に子どもに英語でゲームをさせている保護者の方が感じたデメリット、注意点は以下の通りです。

▶偏った語彙の使用（スラングが多い）

　ゲーム内のチャットなどでほかのプレイヤーと交流する際、不適切な言葉づかいや悪口を多用する人がいると、そういった用語を学んでしまう可能性があります。定期的に会話の内容を確認して、問題があれば保護者が対応すべきでしょう。

　また、ゲームでは頻繁に「死んだ？」（Are you dead?）など、暴力的な表現や攻撃的な言葉が使われることがあります。「死ぬ」「殺す」などのゲーム用語が日常生活でも出てくるときは、適切な場面での言葉づかいを指導する必要があります。

▶言葉を使う必要のないゲームもある

　簡単な英語の表示でタスクをこなすだけで、言葉を必要としないタイプのゲームもあります。それでは英語力向上にはつながらないので、保護者はプレイ中の様子を気にかけておくといいでしょう。

▶中毒性がある、時間の問題

　ゲームには売上を伸ばすために、ユーザーが夢中になるしかけがあり、一度はまるとなかなかやめられないものです。英語力向上をめざ

してゲームをしているといえども、子どもが過度にのめり込んでしまうことのないように、プレイ時間を決めたり、就寝時間が遅くならないようにするなど、保護者が気を配る必要があるでしょう。

▶**オンラインでのコミュニケーションへの依存**

　オンラインゲームにはまりすぎると、オンラインでのやり取りが常態化して、対面でのコミュニケーションに苦手意識を持つ可能性もあります。家族や友達との直接の交流を大切にして、健全なコミュニケーションスキルを育むことも心がけましょう。

臨場感がある VR系英語学習

　VR(Virtual Reality：仮想現実)技術が進化し、VRゴーグルの種類も増えて入手しやすくなりました。VR技術により臨場感あふれるバーチャル体験が簡単にでき、グループでの学習やアクティビティにも取り入れやすいため、教育現場でも実装されはじめています。

　そのVRを使う「VRゲーム」の人気も高まっています。先にふれたRobloxのプラットフォームでは、VRを使うゲームがすでにいくつも提供されています。ゴリラになれるVRゲーム「Gorilla Tag」は全世界で人気のようです。

　しかし、VRゴーグル（ヘッドセット）の多くには、対象年齢が設定されています。スマホ連動の比較的安価なVRゴーグルであれば7歳以上、より本格的なVRゴーグルであれば10歳以上もしくは13歳以

上と設定されているようです。

そのため、小さい子どもが英語学習としてVRゲームを使うのは、現状ではまだ難しいかもしれません。

ただ、VRゲームではなく、VRそのものを活用した「VR英会話」などのサービスも出てきています。VR空間の中で、英語で会話する形です。

こちらも低年齢での参加は難しいですが、小学校高学年以降の「おうち英語」の取り組みでは、今後、VRゲームを含むVR技術が利用される可能性もあるかもしれません。

第 **8** 章 「デジタル・タイプ」のおすすめおうち英語

おすすめ 03 オンライン英会話、オンラインスクール
（100冊本メソッドランキング14位）

> **POINT**
> - コロナ禍を経て、オンラインでの学びがより気軽にできるように
> - オンラインは、対面よりも対象年齢は上がる傾向
> - 英会話もあれば、さまざまなカリキュラムが学べるスクール形式も。学びのバリエーションが豊富に
> - 外国の企業が運営するオンラインスクールに参加することも可能
> - カリキュラムや講師の質など、事前によくリサーチを

オンラインで学ぶスタイルが人気急上昇

　コロナ禍以降、子どもの英語で多くの家庭に浸透したのが、オンライン英会話、オンラインスクールです。オンライン（英会話、スクール）は、7名の100冊本の著者がすすめています。

　オンライン（英会話、スクール）をスタートした年齢をXのアンケート機能で聞いてみました。93名から回答いただいた結果では、4歳が一番多く、次いで5歳、6歳が多いですが、2歳という回答もありました。オンラインでの学習をはじめる年齢にはばらつきがあるようです。

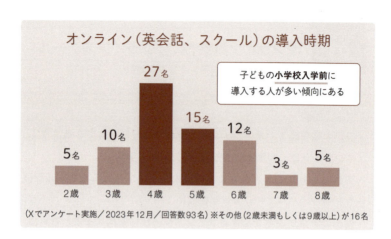

オンライン(英会話、スクール)の導入時期

子どもの**小学校入学前**に導入する人が多い傾向にある

- 2歳: 5名
- 3歳: 10名
- 4歳: 27名
- 5歳: 15名
- 6歳: 12名
- 7歳: 3名
- 8歳: 5名

(Xでアンケート実施／2023年12月／回答数93名)※その他(2歳未満もしくは9歳以上)が16名

　対面型の英会話では1歳半から受講可能というスクールもありますが、**オンラインの英会話になると3歳もしくは4歳から受講可**というスクールが多いようです。オンラインでの学びを受けるためには、子どもが「画面の前に座っていられる」必要があります。「5歳の子どもが脱走して画面からいなくなったのでママが代わりに受講した」といった話もよく聞きます。まだまだ動き回る低年齢でのオンライン学習は簡単ではありません。子どもの性格によって、はじめる時期を見極める必要がありそうです。

オンライン英会話とオンラインスクール

　「オンライン英会話」が会話を通じて英語力向上をめざすサービスであるのに対して、「オンラインスクール」はさまざまなカリキュラムが提供される学習プラットフォームです。どちらも家庭から簡単にアクセスできて、子どもの興味に合わせて学べる点が魅力です。オンライ

ンスクールのカリキュラム（クラス）は語学だけでなく、ダンスや歌やゲーム、クラフト、歴史、理科実験など多岐にわたっています。クラス編成に関しては、オンラインスクールでは複数名の子どもが1クラスに参加することが多いのですが、音楽レッスンなどは個別クラスもあります。

オンライン英会話のチェックポイントと続けるコツ

　オンライン英会話にはさまざまな企業が参入しており、多数のサービスがあります。子どもに合うオンライン英会話を見つけるために、「おうち英語」で英会話を利用中の方に注意点をうかがいました。さらに私が子どもの英語保持のために使用したときに判断基準にしたポイントも含め、以下の点をチェックするといいでしょう。

オンライン英会話のチェックポイント

・子ども向け専用のカリキュラム、もしくはテキストがある
・カリキュラムが初心者向けだけでなく発展性がある
・複数のコースがある（例：フリートークコース、フォニックスコースなど）
・レッスンの時間帯が子どものスケジュール的に無理がないか（時差も含めて）
・好きな講師を固定で選べる
・講師が TESOL（ティーソル：他言語話者に対する英語教育法のこと）など有資格者である

- カリキュラムがわかりやすい国際基準に沿っている（CEFR：セファールと呼ばれるヨーロッパ言語共通参照枠のことで、外国語学習者の到達度を示すガイドラインのこと）
- 料金が高額すぎず、低額すぎずリーズナブル
- 予約できる時間帯が働いている保護者にも配慮がある
- 予約や振り替えレッスンがスムーズかどうか

　最近は、研修中の講師に無料で教わるキャンペーンを提供していたり、ネイティブ・イングリッシュ・スピーカーだけでなく多国籍の講師を配置したりすることで安価に利用できる枠があったり、オンラインレッスンの価格破壊も起きているようです。

　オンライン英会話には多数の企業が参入しており、さまざまなサービスがありますが、「おうち英語」に取り組む方へのアンケートでは「DMM英会話」「QQキッズ」「ネイティブキャンプ」「Kimini英会話」などの名前が挙がっていました。ちなみに私自身はサンフランシスコを拠点とする「Cambly」を試してみたことがあります。

　さらにオンライン英会話を使用中の保護者の方に「続けるコツ」をうかがったところ、以下のアドバイスをいただきました。

- 毎日オンライン英会話を設定して生活の一部に組み入れる
- 帰宅後の最初のルーティンワークに設定する
- 子どもが疲れていたら無理をさせず、雑談や歌だけでもよしと割り切る
- 講師と個人的に仲良くなりすぎない

オンラインスクールの利用法

　海外発のオンラインスクールには、多様なクラスが試せる「Outschool」、個別指導が強みの「Varsity Tutors」、プログラミングやテクノロジーに特化した「CodaKid」などがあり、いずれも海外ではよく知られたプラットフォームです。「Outschool」には、いまは日本語で予約できるサイトもできているので、以前よりも利用しやすくなっています。ただ日本からの参加の場合、時差がネックとなるので、オンライン英会話と比べると、使用しているご家庭はそれほど多くはない印象です。

- **Outschool** https://outschool.com
- **Varsity Tutors** https://www.varsitytutors.com
- **CodaKid** https://codakid.com

　海外発のオンラインスクールを利用するメリットは、**日本にいながら参加者にネイティブ・イングリッシュ・スピーカーの子どもがある程度いる環境（クラス）に参加できる**ということです。
　実際にオンラインスクールを利用している保護者に、メリットと改善されればよいと思う点をうかがってみました。

【メリット】
- 講師の評価を参考にクラスを選べる
- 多種多様なクラスが用意されている
- 「録画視聴」ではなくライブ配信のクラスもあり、英語力がアップしやすい

【改善されればよいと思う点】
・講師の質や経験値にバラつきがあってプロフィールだけでは判断がしづらい
・費用が意外と高い（キャンペーンで安くなるときもある）
・クラスの時間帯によっては参加者のほとんどが非母語話者で、英語のなまりが強くて聞きづらい
・質が低いクラスの見極めが難しい（ネット上にある無料の素材で学べる内容とほぼ同じ授業内容の場合も）

オンライン英会話もオンラインスクールも、子どもと講師との相性が一番の決め手です。何人かトライアル受講してお気に入りの先生を見つけるのは手間がかかるという意見がありました。また、レッスンが軌道に乗るまでは、スケジューリングも含めて保護者にかなりの負担がかかるかもしれません。

とはいえ、教室まで行かなければ受講できなかった英会話やさまざまな英語レッスンが自宅にいながら受けられるオンラインでの学びは、多忙な保護者にとっては非常に便利なスタイルではないでしょうか。「おうち英語」でうまく活用していきたいものです。

おわりに

「おうち英語」で大切なこと

子どもを英語嫌いにさせない

　本書では、「子どもの英語」や「早期英語教育」の本100冊以上の著者が推す「おうち英語」の23の方法を解説しました。本書を手に取ってくださった方の中には、ご自身は「早期英語教育」や「おうち英語」を経験していない、中学生までは英語に縁がなかったという方もいるでしょう。そのような方が、本書内で紹介した「おうち英語」の方法を実践したいと思っても、「自分自身が経験していないのに早期英語教育ができるのか」「多忙な中で子どもと一緒にうまくおうち英語に取り組めるのか」などと不安を感じることもあるかもしれません。そこで、最後に「おうち英語」に取り組む際に常に意識しておくべき重要なポイントについてふれておきたいと思います。

　それは、「おうち英語で子どもを英語嫌いにさせない」ことです。

　ひとたび「おうち英語」に取り組むと、ついついあれもこれもとおぜん立てしたくなってしまうものです。また多忙な保護者の方は、子どもが素直に英語学習に取り組まないとイライラ

してしまうこともあるでしょう。そんなときは「おうち英語は『学校の授業』ではない」ということを思い出してください。いま、子どもたちは私たちが想像しているよりもはるかに多くの学習内容が盛り込まれた外国語（英語）教育を小学校で受けています。小学校で習った英語の内容を理解するだけでも、子どもにとっては大変なことなのです。もし「おうち英語」が「英語が楽しい」と子どもが思えるような体験でなければ、英語そのものが嫌いになってしまうことでしょう。家庭での英語の取り組みは、子どもを追い詰めることなく、親子で楽しくコミュニケーションをはかる機会ととらえることが肝心です。

　そうは言っても、「具体的に『おうち英語』を子どもとどう楽しめばいいの？」という皆さんの声が聞こえてきそうです。「おうち英語」で子どもを英語嫌いにさせることなく、英語力を伸ばしていくためには、次の３点を意識して取り組むことが大事になります。

1. 保護者の英語能力は気にしない

　本書でふれた23の「おうち英語」の方法の大半は、必ずしも保護者に高い英語力が必要というわけではありません。自分の発音が気になるのであれば、ネイティブ・イングリッシュ・スピーカーの音源を使えばいいのです。文法に自信がなければ、最新AIに頼って文章を作成してもらうことも、いまは簡単にで

きるようになっています。

「おうち英語」で保護者に求められるのは、英語教師のような役割ではありません。ですから、保護者の英語が完璧でなくてもいいのです。「おうち英語」にはいろいろな方法があることを把握した上で、子どもの性格や能力に合わせて、最適なサポートができるように、英語教育関連の情報にアンテナを張っておくことが必要でしょう。

2. アプリや映像を子どもの子守役にしない

　本書内でふれてきたように、いまは英語学習に便利なアプリや動画がたくさんあり、昔に比べて「おうち英語」の選択肢がぐんと増えました。どのアプリや動画サイトも、子どもでも直感的に操作ができるようなUI（ユーザーインターフェース）を備えており、手軽にアクセスできます。そのため、スマートフォンやタブレットを扱える年齢になれば、子どもがひとりで英語コンテンツに接することも可能になりました。

　しかし、「おうち英語」ではアプリや映像だけで、子どもの英語力がぐんぐん伸びることは、残念ながらないものです。国語の音読や漢字の練習、算数の九九や分数といったほかの教科と同じように、英語もまた、保護者が伴走者として取り組みを見守ることがポイントです。

3. 子どもに合った目標を設定する

どんな些細なことでも構わないので、子どもの成長に合わせて目標を設定することも大切です。

例えば、小さなお子さんであれば、毎日英語に少しでも接する機会を設けて、英語に慣れることを目標にするだけでも十分です。もう少し成長したお子さんなら、英語の本を1カ月に4冊読む、英語の有名なスピーチの一部を暗唱するといった、子どもにもわかりやすいゴール設定をしてもいいでしょう。「おうち英語」をきっかけとして、保護者も一緒に読書や暗記に取り組めば、親子で英語スキルを伸ばすこともできます。

子どもの興味に合った目標を、成長に応じてフレキシブルに設定しましょう。

おうち英語を続けるために

本書を手に取ってくださっている皆さんは、「おうち英語」の23の方法すべてを試す必要はもちろんありません。大切なのは、親子で楽しみながら「おうち英語」に取り組むために、子どもが興味を持っていることをベースにした取捨選択をすることです。

「おうち英語」をはじめたら、次は続けるためのポイントを意識してみましょう。

1.「おうち英語」は親子のエンタテインメント

　親子で「一緒に」楽しむことがなにより大切です。毎日ほんの少し、5〜10分で構わないので、隣に座って絵本の音読を聞いたり、映像を見てその内容について話したりすることで親子のコミュニケーションが深まるでしょう。8章でもふれた「共同視聴」と呼ばれるアプローチですが、親子でともに英語にふれる時間をどうぞ大切にしてください。

2. どんどん進まず同じレベルを横展開

「おうち英語」に取り組む保護者の方は、早期英語の取り組みに熱心なあまり、読書でもワークブックでもアプリでも、どんどん進めることをよしとしがちです。肝心なのは「できるからといって次々と与えない」ことです。定着には時間がかかるものです。教材の消化不良にならないように心を配ってください。

　お子さんの英語力が上がっていくのはうれしいことですが、どんどん上のレベルに進むのではなく、あせらずに同じレベルにじっくり取り組むことも英語スキルの向上につながります。同じ本を繰り返し読むのもよし、同じレベルの別の本を読む、つまり「横展開」させるのもおすすめです。同等レベルの本を内容を変えて多数読むことで、学びを定着させることができます。

3. よそはよそ、うちはうち

　ほかのご家庭の「おうち英語」の進度と比べるのではなく、

わが子のペースで進めることが重要です。英語を伸ばすにはいろいろな方法があり、各家庭で最適解は異なります。「こうであるべき」と決めつけず、子どもの性格や成長のペースに合わせて、無理なく「おうち英語」を続けることが成功の鍵になるでしょう。

比べるのはSNS上の英語が上手なスーパーキッズではなく、過去のわが子です。英語に取り組むわが子をよく見て、成長を感じてください。

幼少期の取り組みは無駄にはならない

たとえいますぐに飛躍的に英語力が伸びなくても、またこの先「おうち英語」を続けることが難しくなったとしても、それまでの取り組みがすべて無駄になるわけではありません。

大学院で帰国子女の調査をしていたとき、低学年で帰国した子どもたちが結局英語の学びを続けられなくなることはよくありました。しかし、その子どもたちがその後大学生になって海外研修に参加した際、「小さいときに学んでいままですっかり忘れていたフレーズが思いがけず口をついて出てきた」と話してくれたことがありました。

過去の学びは、子どもの引き出しの中にしまわれていても、ある日突然よみがえってくることもあるのです。どれだけ時間

が経っても、かつて真剣に学んだことは無駄にはなりません。たとえ完璧でなかったとしても、お子さんが得た英語スキルや異文化への理解は、グローバルな時代を生きる子どもの心の糧となるはずです。

「おうち英語」の小さな取り組みは、子どもの未来へのパスポートになる可能性を秘めています。この本を手に取ってくださった方のご家庭の「早期英語学習」「おうち英語」が、お子さんにとってかけがえのない経験になることを願っています。

　最後に、この本を書くにあたりご協力いただいた方々に、心から感謝申し上げます。

2024年11月
どんぐりばぁば

ご協力いただいた方々（敬称略・2024年9月時点）

中田達也先生	都さん
津田ひろみ先生	七人目さん
高島まき先生	なるママさん
Kumiko先生	しおりんさん
ちむ子先生	あきゐさん
海辺のネテロさん	こまいぬさん
Himawaruwaruさん	Mogさん
ビゥさん	技術さん
メィさん	ゔぃおらさん
アプリュさん	Chicaさん
nyapiさん	奏さん
水口美佳さん	wさん
ふむふむさん	vanさん
さやかさん	ふーちゃんさん
はなさん	かなさん
みれさん	うめさん
Meさん	ポ子さん
ききママさん	米酢さん
あいさん	ゆかデザインさん
あゆさん	デザイン・しろいろさん
たこさん	David Watkins（Yamatalk English）
iroriさん	萩原良さん（㈱kiduku ゲーミング英語）
へいたろうさん	

参考にさせていただいた「子どもの英語」に役立つ本　リスト(順不同)

1. 『絵本で楽しく！幼児と小学生のための英語:英語教育と日本語教育の視点』／木戸美幸, 蓑川恵理子, Brooke Suzuki／大阪教育図書／2017
2. 『アメリカの小学校ではこうやって英語を教えている―英語が話せない子どものための英語習得プログラム ライミング編』／リーパーすみ子／径書房／2008
3. 『最新の第二言語習得研究に基づく 究極の英語学習法』／中田達也／KADOKAWA／2023
4. 『親子で楽しめる 絵本で英語をはじめる本』／木村千穂／ディスカヴァー・トゥエンティワン／2012
5. 『わが子を「英語のできる子」にする方法』／清水真弓／大和出版／2010
6. 『ほんとうに頭がよくなる 世界最高の子ども英語:わが子の語学力のために親ができること全て!』／斉藤淳／ダイヤモンド社／2017
7. 『斉藤先生！ 小学生からの英語教育、親は一体何をすればよいですか?』／斉藤淳／アルク／2024
8. 『帰国子女―帰国の前に親子で読む本』／チャールズ・カヌーセン／南雲堂／2018
9. 『小学校は公立小！ 帰国子女じゃないけど 双子小学生 英検1級とれちゃいました』／トワエモア／日本能率協会マネジメントセンター／2024
10. 『英語学習は早いほど良いのか』／バトラー後藤裕子／岩波書店／2015
11. 『完全改訂版 バイリンガル教育の方法:12歳までに親と教師ができること』／中島和子／アルク／2016
12. 『言語教育における多読』／I.S.P. Nation, Rob Waring／くろしお出版／2023
13. 『アメリカの小学校では絵本で英語を教えている:英語が話せない子どものための英語習得プログラム ガイデッド・リーディング編』／リーパーすみ子／径書房／2011
14. 『ことばの育ちの認知科学』／針生悦子／新曜社／2021
15. 『小学生で高校卒業レベルに！ 英語に強い子の育て方 0〜9歳児の親が今できるすべてのこと』／江藤友佳／翔泳社／2021
16. 『「自宅だけ」でここまでできる「子ども英語」超自習法』／鹿田昌美／飛鳥新社／2021
17. 『お金・学歴・海外経験 3ナイ主婦が息子を小6で英検1級に合格させた話』／タエ／朝日新聞出版／2014
18. 『続・イギリスの小学校教科書で楽しく英語を学ぶ(社会・理科編)』／古川昭夫, 宮下いづみ／小学館／2008
19. 『いっぱい読めばしっかり身につく 今日から読みます 英語100万語!』／古川昭夫, 河手真理子／日本実業出版社／2003
20. 『いっぱい読めば自然に身につく 親子で始める英語100万語!』／古川昭夫, 伊藤晶子／日本実業出版社／2004
21. 『イギリスの小学校教科書で楽しく英語を学ぶ―これで多読を始めれば、英語を英語のまま理解できる』／古川昭夫, 宮下いづみ／小学館／2007
22. 『イギリスの小学校教科書で始める 親子で英語絵本リーディングCD付』／古川昭夫, 宮下いづみ／小学館／2011
23. 『英語多読法 やさしい本で始めれば使える英語は必ず身につく』／古川昭夫／小学館／2010
24. 『CTP絵本で育てる 確かな英語力:モノにしよう!「Sense of English=英語のセンス」』／京幸江／ctm出版／2016
25. 『子どもが英語好きになる！ 親子で楽しむ英語あそび』／百瀬淑子／ディスカヴァー・トゥエンティワン／2013
26. 『アメリカ小・中・高校教育マニュアル:子女を国際人に育てる現地情報』／花田昌子, 股野儷子／日本経済新聞出版／1993
27. 『母と子のアメリカ:幼児教育の未来をさぐる』／篠田有子／中央公論新社／1984

28 『3000万語の格差：赤ちゃんの脳をつくる、親と保育者の話しかけ』／ダナ・サスキンド／明石書店／2018

29 『「英語」であなたの子どもが変わる！』／金森強／研究社／2006

30 『0〜4歳 わが子の発達に合わせた1日30分間「語りかけ」育児』／サリー・ウォード／小学館／2001

31 『「ゼロ」から「確実に軌道に乗せる」おうち英語のやり方まとめ』／マティアス・谷本リサ／Kindle／2022

32 『小学生前までに自分の子供をおうちで英語が得意な子にする方法：りさママの英語が得意な子に育てるシリーズ』／りさママ／Kindle／2021

33 『おうち英語完全ロードマップ：6歳英検3級合格のバイリンガル育児法 ソフィア式おうち英語』／ソフィア／Kindle／2022

34 『外国語学習の科学：第二言語習得論とは何か』／白井恭弘／岩波書店／2008

35 『5歳からでも間に合う お金をかけずにわが子をバイリンガルにする方法』／平川裕貴／彩図社／2014

36 『「好き」になるからぐんぐん伸びる！ 0〜8歳までの子ども英語』／平川裕貴／彩図社／2021

37 『移民の国アメリカ最先端の英語習得法』／船津徹／現代書林／2015

38 『世界標準の子育て』／船津徹／ダイヤモンド社／2017

39 『世界で活躍する子の<英語力>の育て方』／船津徹／大和書房／2019

40 『英語ができない親の脳 英語ができる子どもの脳』／松井義明／ポプラ社／2014

41 『楽しい「子ども英語」はなぜ身に付かないの？』／松井義明／ポプラ社／2018

42 『両親は純ジャパニーズ！ お金をかけずに おうちでほぼバイリンガルの育て方』／主婦の友社／主婦の友社／2019

43 『成功する家庭教育 最強の教科書 世界基準の子どもを育てる』／廣津留真理／講談社／2018

44 『勉強嫌いの子どもがときめく 魔法の英語学習法B.B.メソッド』／難波悦子／幻冬舎／2019

45 『子どもが英語好きになっちゃった』／井本安栄／Kindle／2022

46 『小学一年生から始める！ おうちで英語絵本の読み聞かせ：発話を促す「にぎやか読み」』／大矢悠卯／Kindle／2023

47 『がんばりすぎない！ おうち英語：先生はパパとママ！ 小学生の子どもを持つ親が初期費用1万円&週1時間からスタートできるおうち英語ガイド』／鬼英語コーチ☆サヤコ／Kindle／2021

48 『英語が得意な子どもを育てる方法【0〜6歳】：まずはここからSTART！〜英語が苦手なママパパでも大丈夫〜』／Mai Kamekawa／Kindle／2021

49 『うちの子英語ペラペラになれるかな？』／杉田洋, 服部孝彦, 小野博／旺文社／1999

50 『親子で英語が好きになる おうちdeプリスクール：0〜6歳の子の「英語力」「考える力」「意見を言う力」を育む 絵本の読み方』／立川真由／Kindle／2022

51 『世界に羽ばたく子どもに育つ！ おうち英語の5大ツール活用法』／とがわひろみ／Kindle／2021

52 『今日から家で英語が飛び交う！ おうち英語本：子供に英語を話せるようになってほしいなら、まずは親が学ぶべし！』／トマソン可菜／Kindle／2023

53 『英語苦手ママでも大丈夫！ 子ども英語講師が教える超シンプルおうち英語学習』／Nanako先生／Kindle／2022

54 『改訂新版 赤ちゃんからの英語レッスン：親子で始める「絵本100冊暗唱メソッド」』／中村あつこ／リヨン社／2008

55 『英語の授業では教えてくれない 自分を変える英語』／野村るり子, 金井さやか／講談社インターナショナル／2010

56 『幼児期のおうち英語でバイリンガルに！』／ペグ／Kindle／2022

57 『英語ができない主婦の英語育児』／本田モモコ／Kindle／2021

58 『プラスえいごで子育てQ&A ピコ流・英語育児のレスキューマニュアル』／森藤ゆかり／アルク／2007

59 『英語ネイティブ脳みそのつくりかた』／白川寧々／大和書房／2019

60 『わが子に今日からできる！世界標準の英語の学び方 学校教育のアジアの成功事例とは？おうちですぐできる方法がわかる！』／白川寧々, 鈴木款／学陽書房／2022

61 『国外逃亡塾 普通の努力と少しばかりの勇気でチートモードな「自由」を手に入れる』／白川寧々／アルク／2020

62 『子どもの「英語脳」の育て方：わが子が一生、英語で困らない！』／船津洋／現代書林／2014

63 『10万組の親子が学んだ 子どもの英語「超効率」勉強法』／船津洋／かんき出版／2019

64 『グングン伸びる英語力！ママも子供も♡おうちde語りかけ英語』／Akiha／Kindle／2021

65 『「英語好きな子」に育てるための親の接し方：環境9割 干渉1割』／岩本久美／Kindle／2022

66 『これでOK!子供のおうち英語教育：【楽しく】【楽に】できる英会話【楽】習法9ステップ』／茉莉えま／Kindle／2021

67 『英語で育児を楽しむ！子どもが抵抗なく取り組める5つのアイデア』／MJ3810／Kindle／2023

68 『子どもの未来を広げる「おやこえいご」：バイリンガルを育てる幼児英語メソッド』／小田せつこ／プチ・レトル／2019

69 『バイリンガルは5歳までにつくられる』／三幣真理／幻冬舎／2016

70 『ふれあいバイリンガル育児：英語も子育てもうまくいくちょっとした日常演出法』／佐野雅代／Kindle／2017

71 『幼児のための英語②英語が好きなまま育った幼児 どんな大人に成長した？12名のインタビュー記事』／清水万里子／Kindle／2023

72 『ママと一緒に歌っておどって英会話！0歳から英語ができる本』／末口靜枝／リヨン社／2005

73 『世界で活躍する子どもに育てる方法』／末口靜枝／現代書林／2014

74 『はじめての英語育児』／Snow／Kindle／2021

75 『子どもがバイリンガルになる英語子育てマニュアル (CD BOOK)』／高橋正彦／ベレ出版／2010

76 『世界に通用する子供の育て方』／中嶋嶺雄／フォレスト出版／2011

77 『おうち英語だけで子どもがバイリンガルに育つシンプルなたった1つの方法』／ひで／Kindle／2021

78 『子ども向けオンライン英会話攻略法』／さいやん／Kindle／2021

79 『バイリンガル帰国子女の「その後」：海外育児10年の元駐妻が本音で語る帰国子女の語学維持、成功と失敗』／宮本知佳／Kindle／2022

80 『Googleが教えてくれた 英語が好きになる子の育てかた』／村上憲郎／CCCメディアハウス／2022

81 『新・私たちはいかにして英語を失うか』／服部孝彦／海外子女教育振興財団／2020

82 『こども英語大百科 2023完全保存版 (プレジデントムック)』／プレジデントファミリー編集部／プレジデント社／2023

83 『アメリカの小学校に学ぶ英語の書き方』／リーパーすみ子／コスモピア／2011

84 『アメリカ人なら小学校で学ぶ 英文ライティング入門』／リーパーすみ子, 横川綾子／アルク／2014

85 『英語育児ママと先生の虎の巻：子供を英語で教育するための楽しい知育クイズ』／親子で学習研究会／はまの出版／2004

86 『子どもの自己肯定感がぐんぐん上がる アメリカ式子育てマジックフレーズ』／シノブ・フィリップス／KADOKAWA／2022

87 『起きてから寝るまで子育て英語表現1000』／春日聡子／アルク／2020

88 『保育士さん！その声かけ全部英語で言えます』／ぐれいぐえみ／Kindle／2023

89 『オーペアにも役立つ子育て保育英語』／モアーズ・ノリコ／Kindle／2022

90 『ネイティブなら12歳までに覚える80パターンで英語が止まらない！』／塚本亮／高橋書店／2021

91 『言語の本質：ことばはどう生まれ、進化したか』／今井むつみ, 秋田喜美／中央公論新社／2023

92 『子どもの見ている世界：誕生から6歳までの「子育て・親育ち」』／内田伸子／春秋社／2017

93 『音声学者、娘とことばの不思議に飛び込む：プリチュワからカピチュウ、おっけーぐるぐるまで』／川原繁人／朝日出版社／2022

94 『バイリンガルの世界へようこそ：複数の言語を話すということ』／フランソワ・グロジャン／勁草書房／2018

95 『子どもへのまなざし』／佐々木正美／福音館書店／1998

96 『ヒトはいかにしてことばを獲得したか (認知科学のフロンティア)』／正高信男, 辻幸夫／大修館書店／2011

97 『子どもはことばをからだで覚える：メロディから意味の世界へ』／正高信男／中央公論新社／2001

98 『ことばと算数 その間違いにはワケがある』／広瀬友紀／岩波書店／2022

99 『ちいさい言語学者の冒険：子どもに学ぶことばの秘密』／広瀬友紀／岩波書店／2017

100 『もっと知りたいマザーグース』／鳥山淳子／スクリーンプレイ／2002

101 『わらべうたとナーサリー・ライム 増補版：日本語と英語の比較言語リズム考』／鷲津名都江／晩聲社／1997

102 『めざせ100万語！ 読書記録手帳』／SSS英語学習法研究会／コスモピア／2005

103 『音読王：心にきざむ英語の名文』／井上一馬／小学館／2002

104 『こころの音読―名文で味わう英語の美しさ』／斎藤兆史／講談社インターナショナル／2007

105 『子どもとはじめる英語発音とフォニックス』／山見由紀子, 赤塚麻里, 久保田一充／南雲堂／2017

106 『おうちで英語のあいうえお フォニックス42音のアイデアブック』／Yamatalk English スタッフ Mami&David Watkins／Kindle／2022

107 『はじめてのジョリーフォニックス：ティーチャーズブック』／Jolly Learning, 山下桂世子／東京書籍／2017

108 『はじめてのジョリーフォニックス2：ティーチャーズブック』／Jolly Learning, 山下桂世子／東京書籍／2019

109 『ワーキングメモリと英語入門：多感覚を用いたシンセティック・フォニックスの提案』／湯澤美紀, 湯澤正通, 山下桂世子／北大路書房／2017

110 『英語、書けますか TAGAKI (多書き)のすすめ』／松香洋子／mpi／2019

111 『英語の文字・綴り・発音のしくみ』／大名力／研究社／2014

112 『英語の綴りのルール』／大名力／研究社／2021

113 『英語の記号・書式・数量表現のしくみ』／大名力／研究社／2023

114 『英語の発音と綴り：なぜwalkがウォークで、workがワークなのか』／大名力／中央公論新社／2023

115 『改訂新版・初級英語音声学 CD付』／竹林滋, 清水あつ子, 斎藤弘子／大修館書店／2013

116 『新装版・英語のフォニックス：綴り字と発音のルール』／竹林滋／研究社／2019

117 『スラすら・読み書き・英単語 (CD BOOK)』／手島良／NHK出版／1997

118 『英語の発音・ルールブック』／手島良／NHK出版／2004

119 『英単語学習の科学』／中田達也／研究社／2019

120 What Your Preschooler Needs to Know ／ E.D.Hirsch, Jr., Linda Bevilacqua ／ Delta ／ 2008 ほかCore Knowledge Series

参考資料

1. 文部科学省.(2014). 今後の英語教育の改善・充実方策について　報告 ～グローバル化に対応した英語教育改革の五つの提言～.

2. 文部科学省.(2022).『令和4年度公立小学校における英語教育実施状況調査』

3. 文部科学省 国立教育政策研究所 教育課程研究センター（2020）「指導と評価の一体化」のための学習評価に関する参考資料【小学校 外国語・外国語活動】東洋館出版社

4. 文部科学省.(2017). 小学校学習指導要領(平成29年告示)解説 外国語活動・外国語編.

5. 文部科学省「英語教育の在り方に関する有識者会議(第4回)【資料2-1】これまでの意見の概要」https://www.mext.go.jp/b_menu/shingi/chousa/shotou/102/shiryo/attach/1348395.htm（2024年3月21日アクセス）

6. 文部科学省「英語教育の在り方に関する有識者会議(第2回)【資料3-1】EFL環境において臨界期はあるか」https://www.mext.go.jp/b_menu/shingi/chousa/shotou/102/shiryo/__icsFiles/afieldfile/2014/04/01/1345784_02.pdf

7. Saito, K., & Brajot, F. (2013). Scrutinizing the role of length of residence and age of acquisition in the interlanguage pronunciation development of English/r/by late Japanese bilinguals. *Bilingualism: Language and Cognition*, *16*, (4)847-863.

8. 文部科学省.(2009). 子どもの徳育に関する懇談会(第11回)「審議の概要」(案)3. 子どもの発達段階ごとの特徴と重視すべき課題 https://www.mext.go.jp/b_menu/shingi/chousa/shotou/053/shiryo/attach/1282789.htm

9. 文部科学省.(2018). 参考資料4-1 暫定版 韓国における小学校英語教育の現状と課題.

10. Bae, S., & Park, J. S.-Y. (2020). Investing in the future: Korean early English education as neoliberal management of Youth. *Multilingua*, *39*(3), 277-297.

11. Choi, N., Kim, T., Kiaer, J., & Morgan-Brown, J. (2020). Mothers' educational beliefs and preschoolers' English learning attitudes: The mediating role of English experiences at home. *SAGE Open*, *10* (4), 1-11.

12. Song, J. (2018). English just is not enough! Neoliberalism, class, and children's study abroad among Korean families. *System*, *73*, 86

13. カレイラ松崎順子.(2014).「韓国の英語教育における格差とその対策」『東アジアへの視点』25巻1号, 17-25.

14. 文部科学省.(2018). 参考資料4-2 暫定版 中国における小学校英語教育の現状と課題.

15. 文部科学省.(2018). 参考資料4-3 暫定版 台湾における小学校英語教育の現状と課題.

16. Whitehurst, G. J., & Lonigan, C. J. (1998). Child development and emergent literacy. Child *Development* , *69*(3), 848-872.

17 Whitehurst, G. J., Falco, F. L., Lonigan, C. J., Fischel, J. E., DeBarynshe, B. D., Valdez-Menchaca, M. C., & Caulfield, M. (1988). Accelerating language-development through picture book reading. *Developmental Psychology*, *24* (4), 552-559.

18 加藤茂夫, 入山満恵子, 山下桂世子, 渡邊さくら.(2020). ジョリーフォニックス指導効果検証の試み―新潟県南魚沼市の取り組みから―『小学校英語教育学会誌』20巻1号, 272-287.

19 Ehri, L. C., Nunes, S. R., Willows, D. M., Schuster, B. V., Yaghoub-Zadeh, Z., & Shanahan, T. (2001). Phonemic awareness instruction helps children learn to read: Evidence from the National Reading Panel's meta-analysis. *Reading Research Quarterly*, *36* (3), 250-287.

20 オーストラリア・ビクトリア州教育省ウエブサイトPhonological Awareness https://www.education.vic.gov.au/school/teachers/teachingresources/discipline/english/literacy/readingviewing/Pages/litfocusphonological.aspx#link1(2023年3月21日アクセス)

21 西垣知佳子, 中條清美, 岩楯弘美.(2006). 海外・国内英語絵辞書の出現語彙とその比較.『英語表現研究』23, 33-43.

22 Eghbaria-Ghanamah, H., Ghanamah, R., Shalhoub-Awwad, Y., Adi-Japha, E., & Karni, A. (2022). Long-term benefits after a rhyme-repetition based intervention program for Kindergarteners: Better reading and spelling in the first grade. *Developmental Psychology*, *58* (2), 252-269.

23 小豆澤宏次.(2016). ノンネイティブの幼児に適した英語暗唱絵本. 児童英語研究所 http://palkids.co.jp/palkids-webmagazine/palkids-juku1612/(2023年12月12日アクセス)

24 Hirsh-Pasek, K., Zosh, J. M., Golinkoff, R. M., Gray, J. H., Robb, M. B., & Kaufman, J. (2015). Putting education in "educational" apps: Lessons from the science of learning. *Psychological Science in the Public Interest*, *16* (1), 3-34.

25 Meyer, M., Zosh, J. M., McLaren, C., Robb, M., McCaffery, H., Golinkoff, R. M., Hirsh-Pasek, K., & Radesky, J. (2021). How educational are "educational" apps for young children? App Store content analysis using the four pillars of learning framework. *Journal of Children and Media*, *15*(4), 526-548.

26 Christakis, D. A., Gilkerson, J., Richards, J. A., Zimmerman, F. J., Garrison, M. M., Xu, D., Gray, S., & Yapanel, U. (2009). Audible television and decreased adult words, infant vocalizations, and conversational turns. *Archives of Pediatrics & Adolescent Medicine*, *163* (6), 554-558.

27 Zimmerman, F. J., Gilkerson, J., Richards, J. A., Christakis, D. A., Xu, D., Gray, S., & Yapanel, U. (2009). Teaching by listening: The importance of adult-child conversations to language development. *Pediatrics*, *124*(1), 342–349.

どんぐりばぁば

米国・豪州・英国など6ヵ国で子育て・孫サポートを経験。現在は大学で英語の非常勤講師をしながら、子どもの英語力アップに役立つ情報を発信中。英検1級。御三家出身、津田塾大学卒、東京大学大学院修士課程修了、東京大学大学院博士課程単位取得退学。

Xアカウント @acorn_grandma（どんぐりばぁば）
おうち英語資料室（ブログ）https://acornenglishacademy.jp/

装丁・本文デザイン	松元千春
本文DTP	丸山結里
チャート作成・イラスト	井竿真理子
編集	渡邉絵里子
校正	坪井美穂
英文校正	David Watkins
印刷・製本	株式会社シナノパブリッシング

「おうち英語」まるわかりブック
「子どもの英語」本を100冊読んでわかったポイント

2024年12月15日　初版第1刷発行

著　者　どんぐりばぁば
発行人　山手章弘
発行所　イカロス出版株式会社
　　　　〒101-0051　東京都千代田区神田神保町1-105
　　　　contact@ikaros.jp（内容に関するお問合せ）
　　　　sales@ikaros.co.jp（乱丁・落丁、書店・取次様からのお問合せ）

乱丁・落丁はお取り替えいたします。
本書の無断転載・複写は、著作権上の例外を除き、著作権侵害となります。
定価はカバーに表示してあります。
© 2024 Donguri Baaba All rights reserved.
Printed in Japan　ISBN978-4-8022-1526-8